專注力 × 實踐力 × 好奇心，
用故事激發學習熱情，讓孩子離夢想更靠近

小孩不是天生的

是大腦尚未開發

呂定茹，薛梅城 編著

知識就是力量，獲取知識唯一途徑就是學習

不懂方法沒關係！跟孩子讀個故事，你們都能有方向！

目 錄

目錄 ————————————

目錄 ━━━━━━━━━━━━━━━━

前言

「蹲下身來」在孩子的高度去看外界事物，你才會真正讀懂孩子並找到最有效的教子方法。

在美國福特公司，曾發生過這樣一個故事：一次，福特公司裡一臺大型發電機發生故障，工程師維修了三個月毫無結果。而查爾斯·普羅透斯·斯泰因梅茨（Charles Proteus Steinmetz）只是稍加檢查，便發現故障的原因。他在電機上畫一條線，說：「問題就在此。」按斯泰因梅茨的指示修理，電機不久又恢復了運作。為此，斯泰因梅茨向福特公司索取了一萬美元的報酬。有人嫉妒他，說他只是在電機上畫一條線就要一萬美元，豈不是勒索？梅茨在付款單上的說明就是最好的回答：畫一條線 —— 一美元，知道在哪裡畫線 —— 九千九百九十九美元。多麼深刻的回答。知識就是財富，知識就是力量。知識的力量是不可估計的。而獲取知識的途徑就是學習。

學習，無論是對於個人還是團體，意義都是重大的。兒童時期是學習的黃金期。儘早讓孩子了解到學習的真正意義，激發孩子學習的主動性，讓孩子從學習中獲得樂趣，對孩子的一生都有很大的幫助。

本書採用「故事教育法」的方式，針對孩子在學習過程中隨時發生的情況，把各種教育的道理蘊含在故事中，透過一百多個生動有趣的故事引領孩子在輕鬆愉快的氛圍中感受到學習的樂趣，培養孩子好學向上的習慣，讓孩子在學習的過程中漸入佳境。在故事裡，孩子能夠領略到學習是一件美妙的事情，更是一件快樂的事情。只要讓自己置身其中，就可以發現沿途的美好風景。

前言

　　編輯本書，我們意在激發孩子熱愛學習的潛質。全書共十六章，用故事的形式回答了孩子學習過程中興趣、目標、方法等一系列的問題以及應該採取的有效的教育方法，給了「望子成龍、望女成鳳」的家長們最佳的答案。

編者

第一章
興趣是最好的老師

在現代生活中,激烈的社會競爭促使越來越多的家長在孩子尚且年幼時就為他們的將來設計出了一張又一張宏偉的藍圖。殊不知,這些藍圖是家長設計的,與孩子的興趣無關,所以收效甚微。

愛因斯坦說過:「興趣是最好的老師。」孩子一旦有了興趣,在學習過程中就能自覺地克服困難、集中注意、強化記憶、活躍思維,促進學習活動有效地開展。

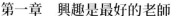

興趣能激發孩子的學習熱情

古人云：「知之者不如好之者，好知者不如樂之者。」興趣對孩子的學習有著神奇的推動作用，有興趣才有渴求，有渴求才會主動、積極。興趣能變無效為有效，化低效為高效。充分激發孩子的學習興趣是家長培養孩子學習主動性的有效途徑。

學習興趣是學生有選擇地、積極愉快地學習的一種心理傾向，它是推動孩子進行自主學習的原動力。

只有孩子對學習內容有足夠的興趣，才會產生強烈的探索欲望和飽滿的情緒狀態，才會自發地調動全部感官積極、主動地參與到學習中去，學習才不再是枯燥的事情，學習效率才會提高，也才能取得較好的學習效果。因為興趣使他們產生無窮的渴望和勇往直前的熱情。

對事物的興趣能夠讓孩子更多地接觸該領域的內容，積極主動地尋找自己需要的答案，興趣還能夠啟動思考。在很多時候，興趣就是學習的方向，夢想的來源。

孩子只有對學習產生濃厚的興趣，才會專心聽講，積極思考，從而學到新的知識。如果孩子對某一學科的學習產生了興趣，就會表現出對這一學科學習的一種特殊情感，學習起來樂此不疲，正所謂「樂學之下無負擔」。

興趣是孩子學習取得成功的最重要的保證，孩子如果對學習感興趣，就會樂於學習，學習效率也會比較高。

正常情況下，孩子的好奇心都比較強，他們的求知欲旺盛，對自然界的許多現象都懷有濃厚的興趣。身為家長，我們要滿足他們的好奇心，激勵他們主動去探究自己感興趣的事情。在「探究」的過程中，孩子的「愉悅感、成就感、好奇心」得到滿足，這對孩子身心的健康發展大有裨益。

> **小提醒：了解孩子的興趣**
> 1. 從談話中了解。孩子對哪些事物興趣較濃，抓住這個
>   「興趣契機」能讓孩子學好與其興趣相關的知識與技能。
> 2. 從孩子的日常表現中了解。孩子比較擅長做哪些事情，
>   能把哪些事情做好，就鼓勵孩子堅持，把相關的事情做
>   得更好。

▍從「小橋迷」談起

　　基於孩子的心理特點，通常，年幼的孩子對自己的興趣並沒有什麼清晰的概念，只是模模糊糊地覺得「喜歡」。但孩子的興趣廣泛，身為家長，應該引導孩子明白，喜歡某一事物，就做好這一件事情，這樣的喜歡才是有價值的。為了讓孩子更好地了解並堅持自己的興趣，家長們不妨找個機會，給他們講個〈小橋迷〉的故事：

　　毛升是著名的橋梁專家、科學家，他一生設計建造了很多座大橋。

　　毛升小時候就是一個有遠大抱負的孩子。他天性活潑，喜歡觀察大自然，神祕莫測的世界在他的頭腦裡形成了無數個問號。那麼，毛升是怎樣走上造橋這條道路的呢？原來是一件意外，促使他確立了長大要造橋的志向。

　　毛升十一歲那年的端午節，家鄉舉行了一年一度的「划龍舟」比賽。這一天，河岸和橋上，人山人海，熱鬧非凡。不幸的是，河上的橋由於人多擁擠，年久失修的欄杆斷了，橋面橫板多處塌陷，致使不少人掉進河裡，還淹死了好多人。這一重大的塌橋事故，給毛升留下了極為深刻的印象，他從中了解橋梁的重要性。毛升暗下決心：「長大後我一定要學會造

橋，為大家造最堅固的橋！」

　　從那以後，毛升對橋著了迷。只要一遇到橋，便會依依不捨地在橋上走來走去，撫摸它的欄杆，久久不願離去。他是個有心人，凡是看到的橋，總要把橋面、橋墩的輪廓畫下來；平時讀到有關橋的句子或段落，都一一抄錄；凡是看到橋的圖畫，都細心地剪貼下來。就這樣，他尋覓著，搜集著，累積起一本本資料，為實現自己的理想奠定了堅實的基礎。

　　毛升求學的態度非常嚴謹認真，在學期間，他扎實地打好每門功課的基礎。此外，還利用瑣碎時間學習外語，閱讀外文書籍。五年期間，他整理的筆記多達二百本，近九百萬字，堆起來足有兩人多高！

　　憑著從小對橋梁的迷戀、追求和不懈的努力，毛升終於成了聞名世界的橋梁專家。

　　正因為毛升時時、事事留心自己有「興趣」的橋，從小立志好好學習，長大以後終於實現了自己的理想，成為一名世界聞名的橋梁專家。我們也應該向毛升學習，做一個為「興趣」而奮鬥一生的人！

▍備選故事任你挑

　　每一個偉大人物的背後都有屬於自己的「傳奇」，而每一個偉人在成名之前，也都曾經只是普通的孩子，當然，這些孩子稟性各異，生活方式也不同，這就造成了他們不同的生活經歷，但是，他們的故事卻適合我們每一個暫時普通的孩子。為了讓更多的孩子享受到「故事」的盛宴，得到更多的人生啟發，在此，編者為您的孩子準備了以下的幾個小故事，希望您的孩子沐浴著精彩的故事茁壯成長起來。

羅丹（Auguste Rodin）的故事

世界有名的雕塑大師羅丹是巴黎人，他生長在一個普通事務所職員的家庭，母親是個有著虔誠信仰、勤儉持家的家庭主婦。

羅丹家的近鄰是個小商販，他包裝貨物時往往喜歡用一些五顏六色的插圖紙。這些插圖都十分漂亮，小羅丹對它們著了迷。他把自己喜歡的插圖紙都收集起來，釘好。每天照著這些紙上的人物和動物作畫。他摹仿作品的高超技術讓自己的父母和鄰居都非常驚嘆。羅丹的繪畫天分，在這個時期已經顯露無疑。

為了能讓小羅丹發揮更多的潛能，在他十四歲那年，父母把他送進巴黎的繪圖和數學學校學習。

這所學校裡有一位名氣很大的老師叫勒考克。勒考克老師的教學方法很特別，他不屑讓學生臨摹他的作品，而是要學生到博物館或大街上去開闊眼界。在這所學校裡，羅丹也接受了著名的雕塑家 —— 卡爾波（Jean-Baptiste Carpeaux）的影響，而且受益匪淺。

羅丹後來的偉大成就，不但跟他的興趣有關係，更歸因於他的勤奮好學。一個人只有把興趣轉化為動力，才能創造奇蹟的。

羅丹每天都在爭分奪秒地學習和工作。每天天未亮就起床，先到一個業餘畫家的家裡對著實物畫好幾個小時的素描，接著又急忙趕去上學。晚上從學校回來，還要去博物館。當時博物館裡有一個專畫人體的學習班，他在那裡要畫上兩個小時。除此之外，他還經常到圖書館、博物館，觀摩學習古代的雕刻作品。

正因為羅丹的勤學向上，把興趣轉化為自己的能力，他才逐漸成長為一位世界級的雕塑大師。

每一個人的興趣不同,但不論是何種的興趣,只要能堅持下去,必然能夠在該領域取得驕人的成績。行動起來吧!不要只存有興趣而不行動,只有行動,才是最有效的!

神祕的未知數

愛因斯坦是本世紀卓越的物理學家,被人們譽為「物理學的教皇」。

愛因斯坦出生在德國。十歲時,他就進了中學。學校實行軍事化教育,教師就像軍官,動不動就罰學生站,還用戒尺打人。課堂上,老師從不管孩子是否有興趣,總是硬往他們的腦袋裡「塞」生硬的概念與公式。這樣的生活,讓小愛因斯坦非常厭煩,為了逃避這樣的生活,他開始翹課。

有一天,愛因斯坦到工程師雅各那裡去玩。「叔叔,方程式學了有什麼用呢?」愛因斯坦面露愁容,突然發問。

雅各注視著這個喜歡思考,但此時滿面愁容的孩子,微笑著說:「我來講個故事給你聽。」接著,他娓娓動聽地講起了故事 ——

在一個偏僻的山村裡,經常有狼出沒,鬧得雞犬不寧。人們對狼恨之入骨,幾次進山搜捕,都沒有找到狼的蹤跡。

初冬,下了一場很大的雪,可能是因為太餓了,有一條大灰狼又闖進了村子,被人們發現後倉皇逃跑。村裡的獵手拿起獵槍,沿著狼的足跡,踏雪追蹤。翻過村後的山坳,足印一直延伸到後山的樹叢,在山腰怪石中消失了。

「有洞!」獵手警惕地握緊手中的獵槍,一步一步地逼近洞口。

「砰!」一槍射向洞內。

「嗖!」一聲,大灰狼突然從洞中衝出,奪路而逃。

「砰!」又是一槍,正好擊中大灰狼的後腿。

大灰狼被捉住了。大家非常感謝獵手，讚揚他為民除害，做了一件好事。

說完故事，雅各頓了頓，意味深長地對小愛因斯坦說：「孩子，我們數學裡也有『大灰狼』，方程裡的未知數 x 就是我們要逮的『大灰狼』。捉大灰狼不容易，解方程也不簡單。去分母、脫括弧、移項、合併同類項……可是當你經過一番努力，求出方程的解以後，你就會感到有一種說不出的滿足和愉快，如同獵人逮住大灰狼時的心情一樣。」

雅各的故事讓愛因斯坦對數學萌發了濃厚的興趣，他的智慧之窗被打開了。

從此，他開始自學起初等數學來，不管遇到怎樣的困難，他都沒有退縮，他在數學王國裡苦中作樂，如醉如痴，後來還刻苦自學了高等數學，並利用數學這門工具成為卓越的物理學家。

孩子，這個故事告訴我們，其實每一門學科都猶如一個神奇的宇宙，數學上的 x 就是一個神祕的未知數，等待我們去揭開它的真面目。求解的過程有艱辛，也有無窮的樂趣，只要我們全心投入，做一個對學習有興趣的人，才能體驗到學習的無限樂趣。

數星星的孩子

晚上，滿天的星星像明珠一樣閃亮。一個孩子坐在庭院裡，靠著奶奶，仰起頭，對著夜空數星星。一顆，兩顆，一直數到了幾百顆。

奶奶笑著說：「傻孩子，又在數星星了。那麼多星星，一閃一閃地亂動，眼睛都看花了，你能數得清楚嗎？」

孩子說：「奶奶，我能數得清楚。星星在動，但不是亂動。您看，這顆星星和那顆星星，總是離那麼遠。」

爺爺走過來，說：「孩子，你看得很仔細。天上的星星是在動，但它

們之間的距離是不變的。我們的祖先把它們分成一組一組的，還替它們取了名字。」爺爺停了停，指著北邊的天空，說：「你看，那七顆星連起來像一把勺子，叫北斗七星。勺口對著的一顆亮星，就是北極星。北斗七星總是繞著北極星轉。」

爺爺說的話是真的嗎？這孩子一夜沒睡好，重複起床看星星。他看清楚了，北斗七星果然繞著北極星慢慢地轉動。

這個數星星的孩子名叫張衡，是漢朝人。因為對星星充滿了興趣，他從小就刻苦鑽研，認真學習，了解許多與星星有關的知識，長大以後，他成了著名的天文學家，還發明了渾天儀。

誰也不能預料，僅僅是因為小時候愛「數星星」，長大以後就能成為一名偉大的天文學家。其實，一個人只要對某些事物感興趣，朝著感興趣的方向努力鑽研，就一定能夠獲得成功。兒時的興趣，也許能為我們的成長指明方向。

「鬼迷心竅」的法布爾

法布爾出生在法國南部山區的一個小村莊裡。村前小溪流水，村外山野樹林，環境十分迷人。自然萬物的美深深地吸引了他，他從小就喜歡觀察動物，將山楂樹當床，將鰓角金龜放在山楂「小床」上餵養，他想知道為什麼鰓角金龜穿著栗底白點的衣裳；夏日的夜晚，他匍匐在荊棘叢旁，伺機逮住田野裡的「歌手」，他想知道是誰在荊棘叢裡微微鳴唱。昆蟲世界是那麼奇妙莫測，童年的法布爾總是睜著一雙明亮的眼睛，警覺地注視著昆蟲和花草，好奇心喚起了他探求昆蟲世界的欲望。

在他五歲的時候，一天晚上，他和家人在庭院裡乘涼，突然聽見房屋背後、荒草叢裡響起一陣「唧 —— 唧唧唧」的蟲鳴聲，聲音清脆好聽。是蟋蟀嗎？不，比蟋蟀的聲音小多了。是山雀？山雀不會連續叫個不停，

更不會在漆黑的夜晚活動呢！於是他決定去看看。大人們嚇唬他說，有狼會吃小孩子。小法布爾卻毫不膽怯，勇敢地跑到屋後去觀察個究竟。結果他發現：發出鳴叫的不是小鳥，而是一種蚱蜢。從此，他對昆蟲產生了濃厚的興趣。

八九歲的時候，父親叫他去放鴨子。每天早晨，他把鴨子趕進池塘以後，不是在水邊東奔西跑地抓蝌蚪、逮青蛙、捉甲蟲，就是蹲下來靜靜觀察奇妙的水底世界：漂亮的螺殼、來回穿梭的游魚和身上好像披了五彩羽衣的蠕蟲……

有一次，在池塘的草叢裡，法布爾發現一隻全身碧藍、比櫻桃核還要小些的甲蟲。他小心翼翼地把牠拾起來，放在一個空蝸牛殼裡，打算回家好好欣賞這珍珠般的寶貝。這一天，他還撿了好多貝殼和彩色的石子，把兩個衣袋塞得鼓鼓囊囊的。

夕陽西下的時候，法布爾開心地趕著鴨子滿載而歸。一路上，他隨興地歌唱，心裡甜滋滋的。儘管這歌聲裡沒有歌詞，但比有字的歌曲還悅耳，比美夢還縹緲，因為它道出了池塘水底的奧祕，是對那天仙般美麗的甲蟲的頌讚。

法布爾一到家，父親見他的衣服很髒，還撿一些奇怪的東西，便怒氣衝衝地吼道：「我叫你去放鴨子，你卻撿了這些沒用的東西，快丟了！」

「你呀！整天不做正經事，將來不會有出息的，你覺得我還不夠辛苦嗎？」母親在一旁也厲聲地責備說，「撿石頭做什麼？撐破你的衣袋！老是捉小昆蟲，你的小手不中毒才怪呢！你呀！真是鬼迷心竅！」

聽到父母突如其來的責罵，法布爾非常難過。迫於父母的壓力，小法布爾只好依依不捨地把心愛的寶貝丟進了垃圾堆。

然而，父母的責罵並沒有驅散法布爾對昆蟲的迷戀之情，強烈的興趣

已經深植在他的心田。之後每次放鴨子，他仍然樂趣無窮地做那些「沒有出息的事」，背著大人把衣袋裝得滿滿的，躲起來偷偷地玩。

正是這種被「鬼迷心竅」的興趣，把法布爾引進了科學的殿堂。法布爾寫的《昆蟲記》吸引了無數人的目光，為世人打開了昆蟲世界的大門。後人為了紀念法布爾，為他建造了雕像。有趣的是，他的雕像的兩個衣袋全都高高鼓起，好像塞滿了沉甸甸的東西。

光說不做的狐狸

很多孩子對什麼都有興趣，而實際上什麼都做不好。原因就在於孩子並沒有動手做的習慣，如果你的孩子喜歡「光說不練」，你可以透過這個故事教育他。

春天到了，小動物們都忙著種菜種瓜，只有狐狸東晃晃、西逛逛，什麼事情也不願做。

這天，他來到山羊家門口，看見山羊正在刨地。他走過去問：「喲，山羊大哥，準備種什麼呀？」

山羊說：「噢，是你呀！小狐狸。我打算種白菜，你準備種什麼呢？」狐狸拍了拍胸脯說：「我喜歡吃西瓜，我想種一大片西瓜，夏天吃西瓜，又甜又解渴。到時候，我送你一個。」

告別了山羊，狐狸來到熊的家門口。看見熊正往地裡挑水，狐狸走上去問：「熊大伯你好，你準備種什麼呀？」

熊說：「我打算種白薯。你準備種什麼呀？」狐狸搖頭晃腦地說：「我對種人參比較感興趣，人參多有營養呀！到時候我送你一支。」

離開熊的家，狐狸又來到小兔子家門前。小兔子正在家門口的地裡撒種子。狐狸走上去問：「小兔子，你在種什麼呀？」

小兔子說：「我在種蘿蔔。你準備種什麼呢？」

　　狐狸昂了昂頭說：「我想種一大片草莓，又酸又甜多好吃。等草莓熟了，我送你一大籃。」

　　轉眼秋天到了，山羊、熊、小兔子帶來他們種的白菜、白薯、蘿蔔請狐狸品嘗。但狐狸什麼也沒有種，牠晃著腦袋說：「真不好意思，我沒有什麼東西可招待大家的。」

　　山羊走上去拍拍狐狸的肩膀說：「小狐狸，光說得好是不夠的，還要做得好。請記住，光說不做，到頭來什麼事也不成！」

　　是呀！在我們的生活中有很多這樣的小朋友，他看到別人這個做得好，覺得自己有興趣，看到別人那個做得好，覺得也有興趣，但單單是有興趣，卻沒有付出行動，到最後一事無成。我們一定要做一個有行動力的人，只要自己感興趣了就去做，只要付出努力，就一定能夠取得成功！

達爾文的興趣

　　達爾文是一個從不為自己的選擇後悔的人，他出生於英國什魯斯伯里鎮的一個醫生家庭，家裡希望他繼承祖業，十六歲時，他便被父親送到愛丁堡大學學醫。

　　可是，達爾文卻並不喜歡學醫，在愛丁堡度過了兩年的休閒時光後，達爾文的父親覺得不能讓他再不務正業下去。於是在西元一八二八年又送他到劍橋大學，改學神學。達爾文謹遵父命，開始閱讀《皮爾森論教義》等神學典籍，但他發現硬要逼迫自己去相信那些無法了解也難以理解的東西，是非常難以成功的。

　　不過，事情總算有了轉機。在劍橋期間，他結識了當時著名的植物學家約翰·史蒂文斯·亨斯洛（John Stevens Henslow）和著名地質學家席基威克。亨斯洛循循善誘，使達爾文逐漸確立在科學研究上的信念，他完全放棄了神學，並接受了植物學和地質學研究的科學訓練。

西元一八三一年，達爾文從劍橋大學畢業後，自費參加了一次環繞世界的科學考察航行。正如達爾文自己所說：「貝格爾艦的航行，是我一生中最重大的事件；它決定了我此後全部事業的道路。」他們先在南美洲東海岸的巴西、阿根廷等地和西海岸及相鄰的島嶼上考察，然後跨越太平洋至大洋洲，繼而越過印度洋到達南非，再繞過好望角經大西洋回到巴西，最後於一八三六年十月二日返抵英國。這次航海徹底改變了達爾文的生活。達爾文從這次航行中總結出了一條經驗並終生奉行：勤奮和對自己所研究的任何事物的專心致志。這一習慣使他在科學研究方面交出了傲人的成績單。

　　航行結束後，達爾文內心有許多想法湧現，加上沒有結婚，單身的活力促成了他大量研究成果的發表，西元一八三七年七月，達爾文開始寫作《第一本筆記》，其內容就是後來《物種起源》（*On the Origin of Species*）的原始資料。

　　西元一八五九年，達爾文出版了《物種起源》。這一著作終結了上帝創造人類的神話，為人類的思想解放開闢了新紀元。

　　達爾文遵照自己的願望，做自己愛做的事情，並在研究的領域取得卓越的成就。這是值得敬佩的。很多時候，我們總按照大人的要求讓孩子做一些不感興趣的事情，這樣做事情沒有做好，時間也浪費了，真是得不償失呀！所以，我們一定要尊重孩子的選擇，做一個有「興趣」，敢嘗試的人。

從興趣到理智

　　施蟄存是現代著名的作家、翻譯家、教育家和古典文學理論家，被譽為「百科全書式」的專家。他小時候讀書廣泛，從《千字文》、《百家姓》、《三字經》、《古文觀止》到英國、法國文學，從童話到中外古今新舊小說。他每讀一本書，都和書中人物「融合為一」，彷彿自己就是

濟公、武松、李逵、黃天霸、賈寶玉或唐吉訶德，完全是「用感情去讀書」，且大多是從興趣出發。

西元一九三七年，他到大學教書，教的是大學一年級的國文、歷代詩選和歷代文選課。儘管他非常努力地編寫講義，但上了幾個月課，才知道自己以前縱然讀了許多書，卻尚未讀透。有的古詩文，自己過去讀了幾十遍，自以為全懂，沒有一點問題，但在課堂上講述，經學生發問，便覺得有問題了。這件事對他觸動很深，改變了他過去全憑興趣讀書的習慣。

從此，他要講什麼課，先廣泛搜集與這堂課相關的詳細資料，並加以梳理整合，同時，還在書旁做一些劄記。這時，他開始注意「用理智去讀書」，比如《水滸傳》他就看了第二遍、第三遍，書中人物再也不能和他「合而為一」。他開始注意作者描寫潘金蓮和潘巧雲的方法有什麼相同和不同點，七十回本和一百二十回本哪本更優，金聖歎的評語可信還是不可信。用這種眼光去看小說，即使也有可樂之處，但畢竟不是青少年時期的那種樂趣了。後來，他在大學講《史記》，就寫成了《史記劄記》。

施先生說：「一個人，能不能經常讀書，有志於不斷提高教育程度、不斷擴大知識面，完全決定於中學階段。」他認為，一個學生應該讀些什麼書，不必有太嚴格的限制，重點是必須培養愛讀書的習慣。如果除了課本之外什麼書也不讀，是沒有希望的；而一輩子光讀小說的人，同樣也是沒有希望的。有目的地為汲取書中「營養」去讀書，就會自覺地以審視的目光對書本進行分析，吸收書中好的內容、新的知識、寫作技巧、優美語句，讀書的收穫自然也就大。

這個故事告訴我們，不要只做自己感興趣的事情，還應該做一做自己不感興趣的事情，學一學原本自己沒有興趣的東西，這樣才有可能成為一個博學多才的人！

█ 給家長的悄悄話

　　學習是終生的事，激發孩子的學習興趣是每一位家長的責任，如果家長不注重孩子興趣的培養，不僅會扼殺孩子求知的欲望，也可能令孩子對求學之路產生畏懼的情緒。但現實生活中，有不少孩子厭學，甚至資優生也不例外。那麼，是什麼原因造成孩子對學習沒有興趣，或者是剛開始有興趣，後來卻對自己曾經的興趣產生了反感呢？一位教育家曾說過：「如果人們吃飯沒有食欲，勉強地把食物吞到胃裡去，其結果只能引起噁心和嘔吐，至少會消化不良，健康不佳。反之，如果他樂意接受，就能很好地消化它。」事實上，孩子對「學習」產生了「嘔吐感」跟家長是有很大連繫的。歸納起來原因如下 ——

- ◆ 父母的期望值過高，為了孩子，家長陪著練琴、學畫，孩子的心理、身體上的壓力大大增加。

- ◆ 父母想輔導孩子，卻不知如何著手，沒有好的輔導孩子學習的方法，孩子不會的題還是不會。

- ◆ 父母對孩子學習知識的目的定向有偏差，將學習的目的定在明天而不是今天。常對孩子說：「你不好好學習，將來就掃馬路……」功利性過於強烈，讓孩子難以理解。

- ◆ 孩子沒有好的學習習慣。往往學習時不集中注意力，不能理解題目的含義等，學得累，學得煩，導致成績不好，再加上父母的責問，自然產生厭學情緒。

- ◆ 學習內容和過程是比較嚴謹和枯燥的，小學生面對著滿是文字的課本和練習題，本身就提不起興趣來。

弄清孩子對學習沒有興趣的主要原因之後，家長們應該幫助孩子找到學習的興趣，讓孩子快樂地學習。

家長言傳身教

家長的學習興趣對孩子有著潛移默化的影響。很多的音樂世家、書香門第都是這樣產生的。實際上，興趣教育比強迫孩子去做家長自己都不感興趣的事情更容易，效果也好得多，培養孩子的學習興趣，家長的言傳身教是非常重要的。

所謂「言傳」就是家長盡可能早地讀書給孩子聽，會彈琴的家長可以在孩子面前彈琴，會習字畫畫的，就多在孩子面前展示自己的學習成果，交流自己的學習心得等。孩子在耳濡目染的情況下，體會到「學習」的魅力所在，慢慢就有興趣了。

尊重孩子的興趣

某位童話作家說：「不要在孩子不感興趣，還沒有能力理解的時候，讓他做任何不感興趣的事情。」當孩子做自己感興趣的事情時，他往往能夠全力以赴；相反，如果父母要求孩子放棄他特別感興趣的事情，做一些孩子不喜歡做的事情，孩子必然會與父母發生衝突。南北朝時期的科學家祖沖之，小時候就經常為此受到父親的責罵。

祖沖之的父親祖朔之是一位小官員，他望子成龍心切，總是希望祖沖之出人頭地。祖沖之不到九歲，父親就逼迫祖沖之去背誦深奧難懂的《論語》。兩個月過去了，祖沖之只能背誦十多行，父親氣得把書摔在地上，怒氣衝衝地罵道：「你真是一個大笨蛋啊！」

幾天後，父親又把祖沖之叫來，對他說：「你要用心讀經書，將來就可以做大官；不然就沒有出息。現在我再教你，你再不努力，就絕不饒你。」

但是，祖沖之卻非常不喜歡讀經書。他對父親說：「我死都不想讀。」

父親聽了祖沖之的話，氣得伸手打了他兩巴掌。祖沖之就大哭起來。

這時，祖沖之的祖父來了，當他得知事情的真相後，對祖沖之的父親說：「如果祖家真是出了笨蛋，你狠狠打他一頓，就會變聰明嗎？孩子是打不聰明的，只會越打越笨。」接著，祖父批評祖沖之的父親：「經常打孩子，不僅沒有任何好的作用，而且還會使孩子變得粗野無禮。」

祖朔之無奈地說：「我也是為他好啊！不讀經書，這樣下去，有什麼出息？」

「經書讀得多就有出息，讀得少就沒有出息？我看不一定吧！有人滿肚子經書，卻只會之乎者也，其他什麼事也不會做！」祖沖之的祖父批評說。

「他不讀經書怎麼辦？」

「不能硬趕鴨子上架。他讀經書笨，說不定做別的事靈巧呢！做大人的，要細心觀察孩子的興趣，加以誘導。」

聽了祖沖之祖父的話，祖朔之同意不再把祖沖之關在書房裡念書，還讓祖沖之跟著祖父去開開眼界、長長見識。

祖沖之不用再讀經書了，他感到非常高興。

有一次，祖沖之問祖父：「為什麼每月十五的月亮一定會圓呢？」祖父說：「月亮有它自己的運行規律，所以有缺有圓！」

看到孫子對天文感興趣，祖父對祖沖之說：「孩子，看來你對經書不感興趣，對天文卻願意用心鑽研，正好，我們家裡的天文曆法書很多，我找幾本你先看一看，不懂的地方就問我。」

就這樣，祖沖之的天文興趣被祖父發現了，父親祖朔之也改變了對兒子的看法。從此，父親不再強迫祖沖之學習經書，祖沖之對天文曆法越來

越有興趣。後來，祖沖之成為一名科學家。

美國教育家曾經說過：「身為父母，千萬不能太看重孩子的考試分數，而應該注重孩子思考能力、學習方法的培養，盡量留住孩子最寶貴的興趣與好奇心。絕對不能用考試分數去判斷一個孩子的優劣，更不能讓孩子有以此為榮、辱的標準。」著名的心理學家尚・皮亞傑（Jean Piaget）也曾經說過：「強迫工作是違反心理學原則的。」做父母的，只有因勢利導，尊重孩子的興趣，孩子才能取得成功！

培養孩子的興趣

著名的文學翻譯家傅雷先生在教子過程中也非常注重培養孩子的興趣。傅雷先生認為興趣是學習的第一要素。傅雷家書中有這樣一段話：「天生吾人，才之大小不一，方向各殊；長於理工者未必長於文史，反之亦然；選擇不當遺憾一生。」正是基於這種認知，傅雷在兒子傅聰三四歲的時候，就開始尋找兒子天賦的亮點。

傅雷一開始讓傅聰學美術，但是，傅聰對美術似乎興趣不大，學畫時總是心不在焉，沒有表現出任何喜歡美術的情形。傅雷發現讓兒子學美術並不是一個明智的選擇。一次偶然的機會，傅雷發現兒子喜歡音樂，在音樂會上，兒子表現出了極高的興趣，他總是靜靜地聆聽音樂，有時候還作沉思狀。傅雷馬上意識到，兒子的興趣在音樂上，於是，他決定讓兒子放棄學畫而改學鋼琴。結果，傅聰在音樂上的表現確實出類拔萃。

法國作家羅曼・羅蘭（Romain Rolland）曾經說過：「你以為孩子喜歡或不喜歡的事物，絕不是孩子真正喜歡或不喜歡的。」對於父母來說，一定要找到孩子真正的興趣所在，不可憑自己的主觀臆測來判斷孩子的興趣。

正確引導孩子的興趣

「善待孩子的興趣」是父母培養孩子學習能力的第一步，孩子的「求知態度」得到了認真的回答，求知的熱忱也就更加高漲，不斷地提問，也不斷地獲得知識。有了興趣，並從興趣中得到快樂、滿足的孩子，將來一定會是個好學、勤學、善學的好學生！

事實上，每一個孩子都有自己的特長與興趣，如果家長能透過認真觀察、正確對待、有意引導，並以此激發孩子學習的信心和勇氣，就能促進孩子更加全面地發展。

教子加油站

激發孩子學習興趣的原則性問題，具體地說，有幾個方面的內容

1. 家長要擺正心態，不應把功利性太強的目的，強加於孩子身上，給他們成年人才需要承受的壓力。其次，也是最關鍵的，最初的學習應以培養孩子的學習興趣和學習習慣為重點。只要孩子有了學習興趣，能一心撲在學習上，很多問題就迎刃而解了。
2. 孩子的興趣可能廣泛，不要急於給孩子找一個中心興趣，拓寬了孩子的興趣廣度，無論孩子今後往哪一方面發展，都是有益無害的。
3. 孩子的興趣缺乏持久性，要鼓勵孩子鞏固、強化自己的興趣。

第二章
你的孩子學習目標明確嗎

　　每一位家長都有「望子成龍，望女成鳳」的心願。那麼，如何讓自己的孩子「成龍」、「成鳳」呢？這跟目標的確立是有很大關係的。

　　潛能大師博恩·崔西（Brian Tracy）說過：「成功等於目標，其他都是這句話的注釋。」對於孩子來說，學習有計畫、有目標，必然事半功倍。反之，就必定如無頭的蒼蠅一樣毫無頭緒，也找不到學習的動力。身為家長，幫助孩子擬定可行的計畫，確定明確的學習目標非常重要。因為，如果孩子有目標、懂計畫，他就能成功！

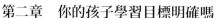

▌目標指引成功的路

目標對人生有巨大的導向性作用。學習目標是學習中預期要達到的學習結果和標準。學習如果沒有目標，就如航海時沒有燈塔，很容易迷失方向。相反，學習如果有了目標，就能到達成功的彼岸。

俗話說「活到老，學到老」，可見，學習是一輩子的事情。對於孩子來說，及早明確自己應該學會什麼，並確信這些內容值得一學，他們就會自覺地、努力地學習。明確的學習目標對孩子學習活動安排、學業成績提高都會產生更積極的影響。

學習目標指導孩子的學習方向。有學習目標的孩子通常知道自己要達到什麼樣的目的，要執行什麼事情，就不會在「學習」的過程中半途而廢，或者說在學習的過程當中毫無頭緒，這就必然能達到比較好的學習效果。相反，孩子學習如果沒有計畫，缺乏目標，就會陷入一種茫然無緒的狀態中，既浪費時間，又無法達到良好的學習效果，可能會導致孩子厭學、無所事事等情況出現。

學習目標啟發孩子的潛能。當孩子學習中的行為目標十分突出時，他能在學習中發揮自己最大的潛能。更加認真地學習，且容易取得優異的成績。相反，如果孩子缺乏目標指引，那麼他必然懶散懈怠，根本不能發揮自己潛在的能力。

學習目標能夠激勵孩子戰勝困難。學習有目標的孩子在學習中遇到困難的時候，會表現得相當有意志力，不會因為一點點困難就退縮不前，反而會越挫越勇。而學習缺乏目標的孩子遇到困難時，就會產生畏難情緒。

學習目標還能讓孩子集中注意力，調控和約束自己的行為。明確的學習目標還會透過對孩子注意力的分配以及集中強度產生一定的影響，從而提高孩子的學習成績。缺乏目標，會讓孩子把精力放在瑣碎的事情上，這

時候，他們容易受到外界的誘惑，從而導致精力無法集中。

目標還能讓孩子做事有條理。有目標的孩子能有條不紊地處理應該處理的事情而不致手忙腳亂。學習沒有計畫，沒有目標的孩子通常做事情毫無條理。他們可能會一下子看電視，一下子玩玩具，要麼一直看電視，等到時間來不及了，要睡覺了，才想起還有學習任務要完成。

學習沒有目標、做事沒有條理的孩子在通過「成功」的路上將會遇到更多的困難與障礙。正因為如此，所以我們說：目標指引孩子成功的道路。

小提醒：學習沒有目標，做事情缺乏條理的表現

1. 早晨起床找不到襪子、學習用品或者生活用品。
2. 學校的作業在學校沒有做完，帶回家來做還是沒有完成就睡覺了。做事情拖拉，沒有效率。
3. 對學習缺乏熱情，除了興趣問題，還因為沒有目標，所以成績肯定就比較差。
4. 喜歡一邊做事情一邊玩，不專心。
   這些都是孩子缺乏目標、做事情沒有條理的表現，做父母的要及時發現，及時糾正，防微杜漸，以免小錯誤反映大問題，這些問題給孩子的人生造成不必要的麻煩。

▎講個「白馬和黑騾」的故事

選擇什麼樣的目標，就會有什麼樣的成就，就會有什麼樣的人生。一個人如果沒有長遠、明確的目標以及達到這些目標的明確計畫，不管他如何努力，都不會成功的。如果你的孩子恰好缺乏「方向」的指引，家長不妨找個機會，講個〈白馬和黑騾〉的故事給孩子聽——

唐太宗年間，在長安城的一個破屋磨坊裡，有一匹白馬和一頭黑騾非常要好。

有一天，白馬被唐玄奘選中，上西天取經去了。

十七年後，白馬凱旋而歸，回來看望黑騾。老朋友見面，話也特別多。白馬向黑騾說起一路的風險和半生的體驗，百感交集。

黑騾非常羨慕，吃驚地說：「太神奇了，這麼遠的路，我想都不敢想。」

白馬說：「其實，我們走的距離是差不多的，我向西域前進的時候，你也一步沒有停止。但不同的是，我有一個遙遠而清晰的目標，而你卻被蒙住了眼睛，一直圍著一個磨盤打轉。」

看著昔日與自己在一個屋簷下的同伴，黑騾感嘆不已。

是呀！每個人每天做的事情其實都差不多，但為什麼有的人成功，有的人卻不成功呢？這個道理跟〈白馬和黑騾〉一樣，就是一個行走天下，一個卻在原地「拉磨」、打轉。

一個人如果沒有長遠、明確的目標以及達到這些目標的明確計畫，不管他如何努力學習、工作，都像是一匹失去方向，「拉磨」、打轉的黑騾，無聊地重複著自己平庸而單調的生活。

備選故事任你挑

成功的祕訣

如果你的孩子非常努力，但學習總是不見起色，那麼，為了能激發孩子學習的動力，家長不妨讓孩子每月訂一個小目標，每天進步一點點，讓孩子體驗到成功的樂趣 ——

西元一九八四年，在東京國際馬拉松邀請賽中，名不見經傳的日本選手山田本一出人意料之外地奪得了世界冠軍。

記者採訪他時，他告訴了眾人成功的祕訣：

剛開始參加比賽時，總是把目標定在四十多公里外終點線上的那面旗幟上，結果我跑到十幾公里時就疲憊不堪了，我被前面那段遙遠的路程給嚇倒了。

後來，我改變了做法，每次比賽之前，都要乘車把比賽的路線仔細地看一遍，並把沿線比較醒目的標幟畫下來，比如第一個標幟是銀行；第二個標幟是一棵大樹；第三個標幟是一座紅房子……這樣一直畫到賽程的終點。

比賽開始後，我就以一百公尺的速度奮力向第一個目標衝去，等到達一個目標後，我又以同樣的速度向第二個目標衝去。四十多公里的賽程就這樣被我分解成這麼幾個小目標，輕鬆地跑完了。

山田本一的話令人深省。看來，輝煌的人生不會一蹴而就，它是由一個個不起眼的小目標的實現累積起來的。讓我們把目標化整為零，用一個個小的勝利贏得最後的大勝利吧！

其實，學習也是一樣的道理，只要我們設定一個目標，然後朝著這個目標前進，我們就能取得優異的成績。

從頭做起

有一個商人，在小鎮上做了十幾年的生意，到後來，他竟然失敗了。一位債主跑來向他討債的時候，這位可憐的商人正在思考他失敗的原因。

商人問債主：「我為什麼會失敗呢？難道是我對顧客不熱情、不夠客氣嗎？」

債主說：「也許事情並沒有你想像得那麼可怕，你不是還有許多資產嗎？完全可以再從頭做起！」

「什麼？再從頭做起？」商人有些生氣。

「是的，你應該把目前經營的情況列在一張資產負債表上，好好清算一下，然後再從頭做起。」債主好意勸道。

「你的意思是要我把所有的資產和負債專案詳細核算一下，列出一張表格嗎？是要把門面、地板、桌椅、櫥櫃、窗戶都重新洗刷、油漆一下，重新開張嗎？」商人有些納悶。

「是的，你現在最需要的就是按照計畫去做事。」債主堅定地說道。

「事實上，這些事情我早在十五年前就想做了，但是一直沒有去做。也許你說的是對的。」商人喃喃自語道。後來，他按照債主的建議去做了，最後生意終於獲得了成功！

做事沒有計畫、沒有條理的人，無論從事哪一行都不可能取得成績。事實上，做事有計畫、有目標對於一個人來說，不僅是做事的習慣，更重要的是反映了他的做事態度，這是能否取得成就的重要因素。

約翰‧拉布林的夢想

約翰‧拉布林上中學時曾是游泳好手。跟所有的年輕游泳好手一樣，他夢寐以求地盼望有朝一日能夠參加奧運會，與世界一流的游泳健將爭個高低。

西元一九八四年夏天，他一邊觀看電視轉播的奧運會比賽實況，一邊盤算自己如何才能成為奧運選手。他想：自己必須在四年內將成績縮短四秒，才有資格參賽。他算了一下，每年訓練十個月，每月將成績縮短十分之一秒，四年後，就能夠參加一九八八年的奧運會了。

功夫不負苦心人，經過四年的艱苦訓練，約翰‧拉布林的夢想果然變成了現實。

孩子，有目標是重要的，但確立了目標以後，還要有計畫地執行自己

實現目標所要做的事情，要付出努力，如果光有目標，不懂得努力，那麼目標再遠大都不過是「水中月」、「鏡中花」。所以，當我們確立了一個目標以後，一定要付出自己的努力，只要下工夫，就一定能成功！

南轅北轍

如果孩子做事情總是三心二意，本來說好了自己要寫作業的，卻跑去打遊戲；本來是要彈琴的，他卻急著看電視。那麼，不妨給孩子講講〈南轅北轍〉的故事——

一個人要到楚國去。楚國在南方，但他的馬車卻向北方行駛。路人問他：「先生，楚國在南方，你為什麼反而朝北走呢」？

那人回答說：「沒關係，我的馬好，跑得快。」

路人提醒他：「馬好也沒用，朝北不是到楚國該走的方向。」

那人指著車上的大口袋說：「沒關係，我的旅費有很多。」

路人馬上反駁：「旅費多也不濟事，這樣到不了楚國。」

那人還是說：「沒關係，我的馬夫很會趕車。」

這個人真是執迷不悟，他的方向不對，即使馬跑得特別快，旅費帶得特別多，馬夫特別會趕車，這些條件越好，他離目的地就越遠。

我們做事情同樣也是這個道理，本來是要做這件事情的，卻以為自己聰明，自己做事情速度快，跑去做其他事情，這樣的結果顯然會與自己期望的不一樣！

五年後的生活是什麼樣子

西元一九七六年的冬天，十九歲的麥可在休士頓一家實驗室裡工作，他希望自己將來從事音樂創作。寫歌詞不是麥可的專長，他找到善寫歌詞的凡內芮，與她一起創作。凡內芮了解到麥可對音樂的執著以及目前不知

第二章　你的孩子學習目標明確嗎

從何開始的迷茫，決定幫助他實現夢想。她問麥可：「能否想像一下，你五年後的生活是什麼樣子？」

麥可深思了幾分鐘告訴她：「第一，五年後，我希望自己能有一張很受歡迎的唱片在市場上銷售。第二，我能住在一個充滿音樂氛圍的地方，天天與世界一流的樂師一起工作。」

凡內芮接著他的話說：「我們現在把這個目標倒算回來。如果第五年，你有一張唱片在市場上，那麼第四年你一定要跟一家唱片公司簽約。」

「第三年你一定要有一個完整的作品，可以拿給很多唱片公司聽。」

「第二年你一定要有很棒的作品開始錄音了。」

「第一年你一定要把你所有準備錄音的作品全部編曲、排練好。」

「第六個月你就要把那些沒有完成的作品修改好，然後讓自己可以逐一篩選。」

「第一個月你就要把目前這幾首曲子完工。」

「現在的第一個禮拜你就要先列出一張清單，排出哪些曲子需要修改，哪些需要完工。」

「好了，現在我們不就已經知道你下個星期一定要做什麼了嗎？」凡內芮一口氣說完。

「你說你五年後，要生活在一個很有音樂氛圍的地方，與一流的樂師一起工作，對嗎？」

她補充說：「如果，第五年你已經與這些人一起工作，那麼第四年你應該有自己的一個工作室或錄音室。第三年，你可能必須先跟這個圈子裡的人共事。第二年，你應該搬到紐約或是洛杉磯去住了。」

凡內芮的五年計畫讓麥可受益匪淺。次年（西元一九七七年）他辭掉了令人稱羨的太空總署工作，離開了休士頓，搬到洛杉磯。大約在第六個

年頭的一九八三年，一位當紅歌手誕生了 —— 麥可的唱片專輯在北美年暢銷幾千萬張，他每天都與頂尖的音樂高手在一起工作。

這個故事正是告訴我們，要想達到自己目標，應該先從小事做起，果斷確認自己的方向，突破前進過程中可能會遇到的障礙。如果你現在還沒開始規劃將來要做什麼，那麼趕快開始規劃吧！

確定目標

有一個孩子跟父親學習插秧，一開始，他老是插得歪歪斜斜的，他問父親原因。父親說：「你應該盯著前方的目標去插。」

孩子聽了父親的話，就找了一頭水牛作目標，但還是插得不直。他非常不理解，就再次問父親：「爸爸，我現在是照你說的，盯著前面的目標插秧，但為什麼還是插不直呢？」

父親說：「你盯的是哪個目標呢？」

孩子指了指前頭的水牛說：「就是牛啊！」

父親笑了：「孩子，水牛總在移動，你盯著牠插秧，當然就沒有辦法插直了。你應該盯著一個不會變動的目標才行。」

孩子聽了父親的話恍然大悟，他沿著田邊的那條直線插，果然不歪了。

孩子，學習跟插秧也是一樣的道理，沒有目標或者常換目標都不能把一件事情做好！一個人，只有確認一個目標不變，朝著這個目標前進，就不會偏離自己的航向。

▌給家長的悄悄話

總有家長抱怨自己的孩子做事情沒有效率，寫作業拖拉，學習成績不好，學習缺乏目標與定力等。實際上，孩子出現這些方面的原因除了跟孩

子自身的性格有關係外，與家長的引導與教育也是分不開的。

　　孩子年幼，他需要一個「方向」引導，如果家長能幫助孩子制訂計畫、確定某一個奮鬥的目標，那麼孩子做起事情來效率就會高一些。培養孩子的目標習慣，家長可從以下幾個方面入手：

教孩子自己定計畫、目標

　　有一位聰明的媽媽，發現孩子在學習彈琴的時候總是沒有計畫，剛想彈琴，沒多久又去看卡通了。

　　有一天，媽媽對孩子說：「你每天須彈半小時的鋼琴，剛回家的時候彈也行，吃過晚飯彈也行，但是，彈的時候不能半途而廢，一定要彈足半小時。」孩子考慮了一下，因為晚飯前有一個他喜歡看的卡通要播放，於是他選擇了吃過晚飯再彈。結果，他確定自己的計畫後，居然一直執行得非常好。

　　過了不久，媽媽告訴他：「你計畫每天練習半個小時的鋼琴這件事情做得很好，但是我不知道你打算用幾天的時間把一首曲子彈得熟練呢？」

　　孩子想了想，很有把握地說：「照我目前練習的情況來說，我覺得一週練習一首曲子，把曲子彈好是沒有問題的。」

　　媽媽聽了欣慰地笑了。事實上，這孩子有了這樣的目標與計畫以後，學習與彈琴這兩件事情都做得非常好。因為他懂得制訂計畫、確定目標的好處了！

要把計畫和目標寫在紙上

　　美國著名的商業大學哈佛大學，在西元一九七九年對當年的應屆畢業生做了一項調查。在調查中，他們詢問應屆畢業生中有多少人有明確的人生目標，結果只有百分之三的人有明確的人生目標並且寫在了日記本上，

他們把這些人列為第一組；另外有百分之十三的人在腦中有人生目標但沒有寫在紙上，他們把這些人列為第二組；其餘百分之八十四的人都沒有明確的人生目標，他們的想法是完成畢業典禮後先去度假放鬆一下，這些人被列為第三組。

十年後，哈佛大學又把當初的畢業生全部召回來做一次新的調查，結果發現第二組的人，即那些有人生目標但沒有寫在紙上的畢業生，他們每個人的年收入平均是那些沒有人生目標的畢業生的兩倍。而第一組的人，即那些百分之三把明確人生目標寫在日記本上的人，他們的年收入總和是第二組和第三組人的收入相加後的十倍。也就是說如果那百分之九十七的人加起來一年賺一千萬美元，那麼這百分之三的人加起來的年收入是一億。

這個調查很清楚地表明瞭確定明確的人生目標並寫在紙上的重要性。白紙黑字，具有巨大的開發潛能的力量。如果你不把目標寫下來，並且每天溫習的話，它們很容易被你遺忘，就不是真的目標，而只是願望而已。實踐證明，寫下自己目標的人比沒有寫下目標的人更容易成功，要制訂一個詳細達到目標的計畫。如果沒有一個切實可行的計畫，你的目標只能是空中樓閣。

讓孩子按計畫做事，實現自己預定的目標

在日常生活中，父母要向孩子強調計畫的重要性，並給孩子制訂一些計畫。當然，這些計畫的制訂應該讓孩子參與進來，與父母一起來制訂計畫。

當計畫制訂了以後，孩子必須按計畫執行，不能半途而廢。對年幼的孩子來講，父母應該要求他們在玩的時候自己把玩具拿出來，玩完以後自己收好；看書、做作業的時候要認真，完成以後才能去玩；做事還應該有責任心，自己掌握做事的進度。

一位小學生做事非常怠慢，本來沒有多少作業，卻非要拖到很晚，媽媽又氣又急。

有一次，媽媽想了一個辦法。她與兒子約定，做作業的時間只有半小時。然後，媽媽把鬧鐘調好，接著兒子開始做作業。半小時一到，鬧鐘就響了，兒子還差兩道題目沒完成，向媽媽投來求助的眼神，但是，媽媽毫不猶豫地說：「時間到了，不要做了，睡覺吧！」

第二天，媽媽把兒子沒完成作業的原因告訴了老師，老師也支持媽媽的方法。這天晚上，媽媽又調好了鬧鐘，兒子才剛開始做作業就很注意時間，效率明顯提高，居然順利地在半小時內完成了作業。

往後，兒子做作業的速度和品質都提高了。而且，做其他事情的時候，他都會有意識地為自己設定一個時限，有計畫地去執行。

要懂得經常對照自己的目標

有人做過一個實驗：分成三組人，讓他們沿著十公里以外的三個村子步行。

第一組的人不知道村莊的名字，也不知道路程有多遠，只告訴他們跟著嚮導走。剛走了兩、三公里就有人叫苦，走了一半時有人火冒三丈，他們抱怨為什麼要走這麼遠，何時才能走到，越往後走他們的情緒越低落，最後有人甚至坐在路邊不願走了。

第二組的人知道村莊的名字和路段，但路邊沒有里程碑，他們只能憑經驗估計行程時間和距離。走到一半的時候，大多數人就想知道他們已經走了多遠，比較有經驗的人說：「大概走了一半的路程。」於是大家又簇擁著向前走，當走到全程的四分之三時，大家情緒低落，覺得疲憊不堪，而路程似乎還很長，當有人說：「快到了！」大家才又一次振作起來加快了步伐。

第三組的人不僅知道村子的名字、路程，而且公路上每一公里就有一塊里程碑，人們邊走邊看里程碑，每縮短一公里大家便感到一陣愉悅。行程中他們用歌聲和笑聲來消除疲勞，情緒一直很高漲，很快就到達了目的地。

當人們的行動有明確的目標，並且把自己的行動與目標不斷加以對照，清楚地知道自己的進行速度和與目標相距的距離時，行動的動機就會得到維持和加強，並且會自覺地克服所有困難，努力達到目標。

教子加油站：幫助孩子確立學習目標，制訂計畫需要注意

1. 目標要合理，符合孩子的實際情況；計畫的內容不要安排得太多、太緊湊，以免讓孩子因為壓力太重，產生厭煩的感覺。
2. 不要強行加入大人自己的想法和希望。要考慮到孩子自身的意願，與他們多交流。
3. 剛開始，孩子若不能很好地依照計畫做事，要加以引導，但不要太過苛求。

第三章
好方法才有好成績

　　突出的學習能力、優秀的學習成績是每一個孩子與家長的共同心願。授人以魚，不若授之以漁。授人以魚只救一時之急，授人以漁則可解一生之需。這正是方法的作用。讓孩子掌握有效的學習方法是非常重要的，它才是提高孩子學習能力和學習成績的重要途徑和手段。為了讓孩子更加輕鬆愉快地收穫到優秀的成績，家長們應從培養孩子良好的學習方法開始。

▌學習方法的重要性

法國數學家笛卡兒指出：「沒有正確的方法，即使有眼睛的博學者也會像瞎子一樣盲目摸索。」所以，學習方法是非常重要的。

科學的學習方法可以提高學習效率，使學習的過程變得非常輕鬆，這樣，孩子就能節省出很多時間，或者是在相同的時間中就能夠學到比別人更多的東西，從而取得事半功倍的成效。

方法可以提高孩子的考試成績，幫助孩子建立對學習的自信心。孩子在學習的過程中能不斷體驗到成功與自信帶來的喜悅，有益於孩子的成長。

科學的學習方法，能幫助孩子更好地發揮天賦的才能，而拙劣的方法則可能阻礙才能的發揮。學習中，不但要付出辛勤的汗水，還要採用科學的、適合自身的學習方法，更重要的就是不斷地調整適合自己的學習方法，這樣才能有更大的進步空間。

科學的學習方法讓孩子學習起來得心應手，興趣上升。濃厚的興趣，無疑是孩子獲得成功的前提條件。而不當的學習方法，讓孩子多走了許多彎路，既浪費了時間，又降低了孩子的學習興趣，削弱了孩子學習的信心。由此可見，學習方法對於孩子的學習而言意義重大。身為家長，讓孩子掌握適合自己的學習方法，任重道遠。

> **小提醒：如何知道哪一種學習方法適合你的孩子**
>
> 1.觀察孩子的學習方式。透過觀察孩子的學習方式，了解孩子的哪些學習方法是有載的，哪些方法又是無效的。這樣，能更好地幫助孩子找到適合他自己的方法。

> 2.與孩子一起交流他的學習心得。透過交談，了解、分析孩子學習過程中的體驗，這樣能幫助孩子分析他的學習方法，從而總結出適合自己的方法。

從「兩隻螞蟻」談起

很多孩子做事情都是單純地執行，並不注意要用特定的方法，這樣很難取得比較好的效果。學習中，孩子一樣會遇到這樣的問題。當你的孩子被這些問題困擾時，家長可以找一個適當的機會，與孩子一起分享〈兩隻螞蟻〉的故事。

有兩隻螞蟻出去尋找食物，牠們走著走著，路過很多地方，最後，牠們碰到了一段牆。

兩隻螞蟻都認為，牆的後面一定有一頓豐盛的晚餐在等著自己呢！

一隻螞蟻來到牆腳就毫不猶豫地向上爬去，可是當牠爬到大半時，就由於勞累、疲倦而跌落下來。可是牠不氣餒，每次跌下來，又迅速調整一下自己，重新開始向上爬去。

另一隻螞蟻仔細觀察了一下牆，思考著，我如何才能更快地到達牆的另一邊呢？最後，牠決定繞過牆去。很快的，這隻螞蟻繞過牆來到食物前，開始享受起來。

就在這隻螞蟻享受美食的時候，那隻爬牆的螞蟻仍在不停跌落下去又重新開始。最後，這隻螞蟻再也堅持不了了，累得趴在了地方，老半天都起不來。牠終於放棄了就在牆那邊的美食。

孩子，努力、堅持、勇敢固然很重要，但如果沒有正確的方法，可能就達不到自己想要的目標。這樣，就會像那隻受盡挫折的螞蟻一樣，最後

放棄自己的目標。

　　所以，當我們確定了一個目標以後，不妨先想一想，用什麼樣的方法，我們才能更快、更好地達到目標呢？也許，選擇的角度不同，收穫就會不同。正因為如此，我們說：方法比努力地執行更加重要！

備選故事任你挑

愛迪生（Thomas Edison）巧算燈泡體積

　　愛迪生年輕的時候，別人認為他缺乏科學知識，都瞧不起他。普林斯頓大學數學系畢業生阿普拉曾與愛迪生一起工作，常在賣報出身的愛迪生面前炫耀自己的學問。為了讓阿普拉謙虛些，也為了讓阿普拉對科學有真正的認識，愛迪生決定出個題目難難他。

　　有一天，愛迪生把一隻玻璃燈泡交給了阿普拉，請他算算燈泡體積是多少。在數學上，只有少數形狀有規則的物體的體積能被很快計算出來，像正方體、長方體、球體、錐體等以及它們的組合體，有些物體的體積雖然能計算，但很複雜，特別是某些形狀不規則物體的體積，數學上是難以計算出來的。阿普拉拿著那個玻璃燈泡一看，燈泡是梨形的，心想：雖然計算起來不容易，但還是難不住我！

　　他拿出尺子上下量了又量，並依照燈泡的式樣畫了草圖，然後列出密密麻麻的計算式。他算得非常認真，臉上滲出了細細的汗珠。但是，這個燈泡的體積實在太難計算了。過了一個多小時，他也沒算出來。

　　又過了一個多小時，愛迪生來看看他計算得怎樣了，只見阿普拉還低著頭列算式，根本沒有快完成的樣子。愛迪生不耐煩了，他拿過玻璃燈泡，沉在洗臉池的水中，將燈泡灌滿了水，接著將燈泡內的水咕嘟咕嘟地

倒在量杯裡，一看量杯讀數，對阿普拉說，就是這麼多毫升，問題解決了。阿普拉這才恍然大悟，愛迪生的辦法才是非常簡單而準確的。

解決問題首先要選擇正確的方法，而方法的選擇要根據對問題的具體分析。阿普拉不作分析，一頭鑽進數學計算中，但愛迪生卻選擇了更簡單的實際測量方法。他用水作為媒介，將水灌入燈泡，水便占滿燈泡內的整個空間，這部分水的體積與燈泡的體積是一樣的，再把這部分水倒入量杯，就量出了水的體積，也同時量出了燈泡的體積。

有些問題看似複雜，其實解決的方法很簡單。如果學問高的阿普拉能夠變通一下，也許，他也能像愛迪生一樣，很快就找出答案！解決一個問題，有時候不在於學問的高深，而在於方法的選擇。

高斯巧解數學題

高斯（Carl Friedrich Gauß）是德國傑出的數學家、物理學家，近代數學的奠基人之一。

高斯上小學後，對數學很感興趣。有一天，數學老師心情不好。他一走進教室，就板著臉對同學們說：「今天的課程由你們自己算題目，誰先算完，誰就先回家吃飯。」說著，就在黑板上寫下了一道題目：一加二加三加四加五加六……加一百等於？

同學們立刻拿出練習本，低頭認真地算起來。

數學老師呢？則坐在一旁看起小說來了。

誰知他剛看了一頁，小高斯就舉手報告老師說：「老師，我算完了。」

「算完了？」數學老師沒好氣地揮揮手，「你算得這麼快，一定會算錯，重新算算看吧！」

「不會錯的，我檢查過了，還驗算了一遍。」高斯理直氣壯地說。

數學老師走到高斯座位前，拿起他的練習本一看，答案是「五千零

五十」，完全正確。

「你是怎麼算的？」數學老師驚奇地問道。

高斯回答說：「我發現這個題目頭尾依序的兩個數相加，都是一百零一，總共五十個一百零一，所以答案就是五十乘以一百零一等於五千零五十。」

「真妙啊！」數學老師興奮地拍了一下桌子，接著大聲地對全體同學說：「真沒想到，你們當中竟會出現數學神童！」

從此，數學老師完全改變了高斯的看法。他特別喜歡高斯靈活聰明、刻苦學習的態度，並經常在課業上對高斯進行個別輔導。

在數學老師的精心栽培下，高斯對數學的興趣越來越濃，造詣越來越深，十七歲時，他就發現了數論中的二次互反律。

孩子，高斯之所以能夠很快地算出答案，是因為他懂得透過觀察尋求規則，讓問題化難為易。在學習過程中，我們也必須深入了解每一門學科的規律，如此一來，學習就能得心應手，既節省了時間，又能提高自己的學習效率，取得好成績。

真假小白兔

小白兔當了蘿蔔店的經理。

小狐狸很羨慕：「哼，我要變成小白兔！」於是，牠念起咒語：「一二三四五六，狐狸變成小白兔。」嘿！小狐狸變成了一隻小白兔了。

早晨，小狐狸變成的小白兔一蹦一跳來到蘿蔔店。店裡的小灰兔一見，驚叫起來：「咦？小白兔經理剛進去，怎麼又來了一個小白兔經理呢？」

裡面的小白兔走出來一看，大叫：「你是？」

外面的小白兔也大叫：「我是這裡的經理，你是誰？」

「明明我是經理，你是誰？」兩隻小白兔吵起來。小灰兔們左看看右

看看，全愣住了，實在分不出誰是真的小白兔經理。

熊法官來了，先在牠們面前放兩捆青草，兩隻小白兔很快吃完了青草。熊法官又在牠們面前放了兩塊肉，兩隻小白兔都皺著眉頭：「不吃，不吃！」熊法官看看這個，又看看那個，怎麼也看不出真假，著急得說：怎麼辦呢？

兔媽媽來了，兩隻小白兔一齊叫：「媽媽，我是你的孩子。」

兔媽媽看看這個，又看看那個，搖搖頭：「咦，真怪！我的孩子尾巴上有個傷疤。」

仔細一看，兩隻小白兔尾巴上都有傷疤。這更奇怪了！兔媽媽想了想，忽然捂著肚子叫起來：「哎喲，哎喲，我的肚子痛！哎喲，哎喲！」兔媽媽痛得彎下了腰。

「媽媽，你怎麼啦？」一隻小白兔眼淚都流出來了，撲上來扶著兔媽媽，一邊大叫：「快，快去叫救護車，快！快！」

另一隻小白兔雖然也在叫「媽媽、媽媽」，聲音卻一點也不急。

兔媽媽猛然站起來，一把抱住撲上來的小白兔，說：「我分出來了，你才是我的孩子 —— 真正的小白兔！」

小白兔笑了：「媽媽，你終於認出自己的孩子了！」

另一隻小白兔見兔媽媽忽然沒事了，愣了一下，才明白自己上了當。只好搖身一變，變回狐狸溜走了。

熊法官笑了：「兔媽媽，你真聰明！」

兔媽媽笑了，小白兔也笑了。

你瞧，聰明的人總是很容易找到解決問題的辦法的。因為兔媽媽知道：只有親生孩子對自己的媽媽才真正關心，看到媽媽難受，才會因為著急真情流露。而冒充的孩子在這樣的時候總會露出破綻的。

曹沖秤象

有一次，吳國孫權送給曹操一隻大象，曹操十分高興。大象運到許昌那天，曹操帶領文武百官和小兒子曹沖，一起去看。

這些人都沒有見過大象。大象又高又大，光看腿就有大殿的柱子那麼粗，人走近去比一比，還摸不到牠的肚子。

曹操對大家說：「這隻大象真是大，可是到底有多重呢？你們誰有辦法秤出來？」嘿！這麼個龐然大物，該怎麼秤呢？大臣們議論紛紛。

一個說：「只能造一桿非常大的秤來測量。」

另一個說：「要造多大的一桿秤呀！再說，大象是活的，也沒辦法秤呀！我看只有把牠宰了，切成塊狀秤。」

他的話剛說完，所有的人都哈哈大笑。大家說：「你這個辦法呀！真叫笨極啦！為了秤重量，就把大象活活地宰了，不可惜嗎？」

大臣們想了許多辦法，每個都行不通。可真叫人為難呀！

這時，人群中走出一個小孩，對曹操說：「爸爸，我有個辦法，可以秤大象。」

曹操一看，正是他最心愛的兒子曹沖，就笑著說：「你小小年紀，有什麼辦法？你倒說說。」

曹沖把辦法說了。曹操一聽連連叫好，吩咐左右立刻準備秤象，然後對大臣們說：「走！我們到河邊秤象去！」

眾大臣跟隨曹操來到河邊。河裡停著一隻大船，曹沖叫人把象牽到船上，等船身穩定了，在船舷上齊水面的地方，刻了一條痕跡。再叫人把象牽到岸上來，把大大小小的石頭，一塊一塊地往船上裝，船身就一點一點往下沉。等船身沉到剛才刻的那條痕跡和水面齊平了，曹沖就叫人停止裝石頭。

　　大臣們睜大了眼睛，剛開始還摸不清是怎麼回事，看到這裡不由得連聲稱讚：「好辦法！好辦法！」現在大家都明白，只要把船裡的石頭都秤一下，把重量加總，就知道象有多重了。

　　曹操更加高興了。他瞇起眼睛看著兒子，又得意洋洋地望望大臣們，好像心裡在說：「你們還不如我的這個小兒子聰明呢！」

　　人們都說「問題多，但是解決問題的方法更多」。所以，不怕遇到問題，就怕遇到問題的時候不會用聰明的方法去解決它。多想、多觀察也是解決問題的一種方法。

油和黃曆

　　同一個方法並不適用於所有的事情，不同的人，用同一種方法做不同的事情，效果往往是有偏差的。以下的故事告訴我們的，正是這樣一個道理。

　　古時候有一家人，丈夫每天外出賣油，生活拮据。他的妻子十分節儉，每天在丈夫外出前舀一勺油貯藏起來。到了年底丈夫因生意不好而無錢置辦年貨，妻子卻意外地拿出一大壇油來，令丈夫喜出望外，一家人歡天喜地地過了個年。

　　鄰居家的妻子聽說了此事，決心向她學習，每次在丈夫外出賣黃曆前，偷偷地藏起一本黃曆，到年底拿出來時，令丈夫無言以對，哭笑不得。

　　是呀！有些方法是很好，但並不適合每一個人或者每一件事情。學習方法因人而異、因學科而異，每個人必須在學習和實踐的過程中，摸索出適合自己的學習方法。只有這樣，學習才會更加得心應手。

剝花生

　　從前，有一個精明能幹的榨油師傅，收了兩個徒弟。這兩個徒弟都老實、肯學習，但哪一個更聰明一些呢？師傅出了一道題目，想考一考他們。

　　師傅弄了滿滿兩麻袋花生給兩個徒弟，說：「你們去剝花生，每人一袋，看看是不是每一粒花生仁都是紅皮包著。現在就回去剝，看誰先回答出我的問題，誰就是第一。」

　　大徒弟一聽，二話沒說，把花生扛回家，飯也沒時間吃，就急忙剝起來。

　　二徒弟不慌不忙地扛著麻袋往家走，邊走邊思索怎樣回答師傅的問題。

　　大徒弟一心一意剝著花生，片刻不停。手磨得隱隱作痛，也不肯稍作休息。就這樣剝了大半天，才剝不到一半。

　　他唯恐落師弟，就打發妻子去看看師弟剝了多少。妻子回來告訴他說：「你喘口氣吧！你師弟那一麻袋還直挺挺地豎在那裡，才剝了一小把呢。」他聽了暗自歡喜，剝得反而更加賣力，用了整個通宵，才把最後一顆花生剝完。大徒弟情不自禁地說：「全部都有紅皮包著。」說完，興沖沖地去向師傅報告。到師傅那裡一看，不禁一愣，師弟早已站在那裡了，身邊還放著一麻袋沒有剝的花生。

　　師傅見了兩徒弟都來了，就說：「二徒弟先到，二徒弟先說吧！」

　　二徒弟說：「我沒有逐個剝花生。我是挑了幾個肥的、幾個瘦的、幾個大的、幾個小的、幾個乾淨的、幾個發黑的、幾個一個仁的、幾個二個仁的、幾個三個仁的，各式各樣的都有，總共不過幾十個，以它們為樣本。剝開看過後，我就推論所有的花生仁都有紅皮包著。」

　　大徒弟一聽，這才恍然大悟，說：「還是師弟的腦筋好。我是一個不剩地逐個剝開看的，辦法太笨了。」

　　好辦法就是這樣，既能節省時間，又同樣能得到答案，比單純地「努力」重要多了！孩子，要做個「有辦法」的孩子，懂得解決問題的竅門和方法，這樣，遇到什麼問題，你都能迎刃而解。

▎給家長的悄悄話

　　有些孩子學習非常用功、努力。但是他們到達一定的層次以後，卻不能更進一步了，這其實並不是由於他們智商的問題，或者是其他的限制，而正是因為他們沒有掌握一個科學的學習方法，讓自己的學習更上一層樓。歸納起來，原因如下：

對學習方法的重要性理解不足

　　不少孩子在方法上任其自然，看不到科學學習方法的作用和意義，沒有嘗到正確方法帶來的甜頭，以為「磨刀」誤了「砍柴工」，因而不願意花時間和精力去認真研究和掌握先進的學習方法。

對學習特點了解不足

　　前面講到學習方法具有適應性，就是要適應各階段、各學科的學習特點。這就需要學生對目前的學習有明確的了解，在此基礎上，才能形成科學的方法。

　　有的孩子說：上小學時，我的成績挺好。可剛上初中，就感到學習很吃力，成績上不去，心中很著急，該怎麼辦呢？這其中一個很大的原因在於學習方法沒有及時調整。從小學到初中，學習特點發生了較大的變化。還有的孩子煩惱：我其他成績都不錯，可為什麼就學不好外語呢？原因也

可能在於他沒有了解到外語學習的特點。

　　小學生的課程內容簡單、門類集中，進入國中以後，學科門類大大分化，所學知識更加抽象；小學生的學習對老師依賴性大，老師的指導也很具體，而國中生的學習則有更多的自主性和獨立性。如果學生看不到這些變化，就有可能造成方法的不適應。拿外語學習來說，學習一門語言，需要多聽、多說、多讀、多寫、多記，而記外語單字又是一種機械記憶，這就和其他科目形成了區別。學習數學的方法就不適於外語學習。

對自身的狀況和條件認知不足

　　學習方法除了要適應學習特點外，還要適應個體特徵。如果學生對自身的狀況和條件認知不足的話，則很可能造成方法不當，因為正確的方法首先是適合自己的方法。對自身認知不足主要包括兩個方面：

　　第一，對自己目前的學習狀況沒有客觀、清醒的認知。第二，對自己的個性特徵不夠了解。學生如果對自己的個性特徵不夠了解，在學習方法上就很有可能盲目模仿別人，強己所難，身心俱疲。所以，可以說，認知自己是掌握科學學習方法的前提。

　　每個人的能力、氣質、性格、身體狀況、生物週期等都有不同，世界上沒有兩片相同的樹葉，更沒有兩個相同的個性。科學的學習方法必須是適合自己的個性特徵的，別人的方法僅是參考而已。從這個意義上說，有多少個學習成功的人，就有多少種成功學習的方法。有的人喜歡待在空曠的大房間裡看書，有的人喜歡縮在狹小的房間裡看書，而有的人喜歡躺在草地上看書，只要學習效果好，這些方式本身都無可厚非。從生理上來說，每個人的生理時鐘都是不同的，應該找到自己最佳的學習時間，然後把艱深的學習內容和創造性的腦力激盪盡可能安排在這段時間內完成。

缺乏指導與訓練

絕大多數孩子沒有接受過專業的、系統的學習方法的指導與訓練，對什麼是科學的學習方法缺乏明確的了解，在學習中也不能自覺地加以運用。即使有的孩子掌握了一些有效的學習方法，也大都是走了很多彎路之後形成的，並且是零散的。科學、系統的學習方法很難在學習中自然而然地形成，孩子應該接受專業的指導與訓練。因此，有條件的家長應該對孩子進行學習方法的指導。

家長應從以下幾個方面培養孩子的學習方法：

◆ 讓孩子的學習有計畫。學習計畫是實現學習目標的保證，但有些孩子對自己的學習毫無計畫，整天忙於被動應付作業和考試，缺乏主動的安排。因此，看什麼、做什麼、學什麼都心中無數。他們總是考慮「老師要我做什麼」而不是「我要做什麼」。所以，讓孩子知道我要怎麼學效果比較好。

◆ 讓孩子學會科學利用時間。時間對每個人都是公平的，有的孩子能在有限的時間內，把自己的學習、生活安排得從容、穩妥；而有的孩子雖然忙忙碌碌，經常加班加點，但忙不到點上，實際效果不佳。所以，學會科學、巧妙地利用時間很重要。

◆ 要求孩子花時間分析自己的學習內容的條理和意義，形成穩定的知識結構。知識結構是知識體系在頭腦中的內化反映，也就是指知識經過輸入、加工、儲存過程而在頭腦中形成的有序的組織狀態。孩子能形成相應的知識結構，學習起來就比較輕鬆。

◆ 讓孩子學會抓重點和困難。學習方法不當的孩子，在看書和聽課時，不善於找重點和困難，找不到學習上的突破口，眉毛鬍子一把抓，全

面出擊，結果分散和浪費了時間與精力。而懂得抓重點、困難，效果顯然就比較好。

◆ 讓孩子學會科學用腦。懂得注意勞逸結合，善於轉移大腦興奮中心，能讓學習有效而且心情愉快！

只要做到如上幾點，你的孩子就一定能取得優異的成績。

教子加油站：培養孩子的學習方法，應避免下面三點

1. 孩子有問題問你時，不要單純地給他問題的答案，而應該教給孩子解決的方法。
2. 不要把自己認為好的方法強行加給孩子。因為你認為「好」的方法，未必適合每一個人，要與孩子多溝通，幫他尋找最適合自己的方法。
3. 避免給孩子太多的習題，加重孩子的精神負擔。

第四章
專注是學習優秀的保障

　　俄國教育家烏申斯基說過「注意是心靈的天窗」。只有打開注意力這扇窗戶，智慧的陽光才能填滿心田。注意力是孩子學習和生活的基本能力，注意力的好壞直接影響孩子的認知和社交能力等身心各方面的發展及其學業成績的高低。

　　觀察那些取得優秀成績、做事有條不紊的孩子，我們不難發現，這些孩子都有一個共同的特點：注意力集中，專注能力強。在孩子的學習生涯中，我們與其不斷地操心孩子的成績，不如培養孩子專注的能力。只要孩子的注意力集中了，他的成績又怎麼可能不優秀呢？

專注能力差的不良後果

偉大的演化論奠基人達爾文說：「我比一般人略勝一籌的原因，就在於我能夠注意到那些很容易被別人忽略的事物，也就是能夠仔細地觀察事物。」這裡揭示的正是專注的重要性。專注是指一個人的心理活動集中在一定的人或物上，而且持續的時間比較長。但專注力差的孩子無法做到這些。因為專注力差，給孩子造成了很多不良的後果 ——

專注能力差的孩子難於長時間地把注意力集中於一件事情上，他們做事常有始無終，一下子做這個，一下子做那個，容易分心。

專注能力差的孩子衝動任性、自制力差、情緒不穩定，常衝動做出錯誤答案，不能較久控制自己的反應，無法克制說話或動作，想要什麼就去拿，無法遵守規範或指示，或是無法按照社會要求控制自己的行為。

專注能力差的孩子活動過多：除了動作之外，也包括語言，在任何場合下，都無法安靜、動個不停，平時走路急促，經常無目的亂闖、亂跑，手腳不停而又不聽勸阻。

專注能力差的孩子自制力也差：他們不遵守秩序和規則，不聽教師的指示，如插嘴和干擾大人的活動，常引起大人厭煩，做事毫無章法，隨隨便便。

專注能力差的孩子學習困難，表現為：

◆ 上課時，注意力通常沒有辦法集中，經常神遊或做小動作；

◆ 觀察力弱，閱讀困難，經常添字、漏字，甚至跳行；

◆ 視動統合能力差，書寫困難，做作業拖拖拉拉；

◆ 聽說結合能力差，口語表達不流暢；

◆ 理解能力差，思維能力滯後，不能依照老師的指令聽說讀寫；

◆ 手眼協調能力差，不喜歡動手操作。

因為缺乏專注能力的原因，造成了孩子自身學習能力不足。他們的學習成績極不穩定。也會導致孩子自卑的心理，使他們缺乏自信，對一切聽之任之。

專注能力差的孩子不會和同學正常交往，常東張西望，心不在焉，不能與別人很好合作。

此外，專注力差還影響到孩子其他方面的能力，如記憶能力、觀察能力、理解能力、邏輯思維能力、解決問題的能力、交往能力等。可見，唯有培養孩子專注的能力，孩子的身心才能得到更加健康的發展。

小提醒：家長可以從哪些方面了解孩子的專注力

1. 從日常生活中了解。專注能力差的孩子，喜歡東張西望，一下子吃飯，一下子看電視，一下子又跑去玩要想培養孩子的專注力，從小就應該，給孩子一個專注的習慣。比如，吃飯就是吃飯，不能邊吃飯邊看電視等。

2. 從與孩子的老師交流中了解。通常，專注能力差的孩子上課時注意力也差，喜歡分心，課堂上老師講到哪裡了，他們還不知道，這嚴重影響到孩子的學習成績，值得家長重視。

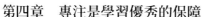

▌講個「小貓釣魚」的故事

很多孩子，因為天性活潑好動，對外界事物充滿了好奇，所以總不能集中注意力做好一件事情。這是一種很正常的現象，但如果孩子經常如此，就容易造成做什麼事情都沒有定性的缺點，對孩子的成長勢必不利。所以，在不影響孩子情緒的情況下，家長可以找個機會，與他們說說〈小貓釣魚〉的故事。

這一天，天氣晴朗，空氣清新，貓媽媽準備出去釣魚。小貓看到了，對媽媽說：「媽媽，媽媽，我也想學習釣魚。」

貓媽媽笑著說：「好吧！那我們一起去吧！」於是牠們就扛著漁竿出發了。

小貓高高興興地跟著媽媽一起來到了池塘邊，牠們架好漁竿，就開始等魚上鉤……

沒多久，小貓就坐不住了，牠東瞅瞅、西看看。忽然，牠看到了一隻蜻蜓飛了過來，於是就放下漁竿，跑去追蜻蜓。可是蜻蜓一下子就飛到草叢裡不見了，小貓只好回到池塘邊繼續釣魚。媽媽這時還正瞇著眼睛晒太陽，一點也不著急。

又坐了一下子，魚還是沒有上鉤，小貓開始煩躁起來。這時，一隻蝴蝶飛過來了，小貓看見，放下漁竿，又跑去捉蝴蝶了。可是，蝴蝶一下子飛到花叢中，再也找不到了，小貓只好再次垂頭喪氣地回到池塘邊。

這時，牠看到媽媽已經釣了一條大魚，羨慕極了。小貓對媽媽說：「媽媽，為什麼我就不能釣到魚呢？」

貓媽媽笑咪咪地說：「孩子，你一下子捉蜻蜓，一下子追蝴蝶，三心二意，怎麼能釣到魚呢？」

小貓聽完知道自己錯了，就坐下專心地釣魚。蜻蜓飛過，蝴蝶也飛

來，但小貓依然專心地釣自己的魚。

不久，小貓果然也釣到了一條大魚。牠和媽媽興高采烈地帶著自己釣的魚回家啦！

孩子，這個故事告訴我們，做事情要專心，不能三心二意，就像小貓一樣，牠剛開始的時候也很不專心，但牠明白了不專心做事的壞處，改正壞習慣，所以就釣到了魚。

在我們的日常生活中，我們一樣要做到，玩的時候盡情地玩，不去想學習的事情，讓大腦得到充分的休息，學習的時候認真學習，專心致志，這樣才能收到良好的效果。

▍備選故事任你挑

聰明的奧利佛

很多孩子都有類似的習慣，一邊學習一邊玩·學習的時間似乎很多，但取得的效果往往不佳，這都是孩子不專心做一件事情造成的。講講〈聰明的奧利佛〉，讓孩子從別人的身上得到啟發——

奧利佛是一個活潑好動的男孩子，人們經常看見他在小溪裡捉魚、在山坡上追趕兔子、在球場上快樂地踢著足球，似乎他每一天都玩得十分開心。於是，有一些人說：「哎，你看，那是一個多麼淘氣的孩子呀！他一定不愛學習，成績很差吧？」

不了解奧利佛的人才會這麼說。其實，奧利佛的學習成績一直非常好，因為他始終記著爸爸對他說過的話：專心地做好每一件事情，並把它做好。在他玩耍的時候，他會盡情地玩，但回到家裡，他就幫助爸爸媽媽做家事，然後專心地學習或者看書，一點都不分心。這是一個多麼聰明的孩子呀！因為他很早就知道了，沒有一個人可以同時既看書又玩樂的。

可是他的朋友尼爾卻不一樣。尼爾總是喜歡一邊看電視，一邊寫作業，表面上，他似乎很多時間都在學習，但他總有一些事情沒有做完，玩得也不盡興，正因為如此，尼爾非常不快樂。多麼可憐的尼爾呀！

孩子，你想想，你該怎麼幫助尼爾呢？你會對他說什麼呢？是呀！做事情可不能三心二意，這樣不但學得不好，也玩得不痛快，多麼可惜呀！

特長就是專心地做一件事情

法國作家莫泊桑，很小就展現出眾的聰明才智。

一天，莫泊桑跟舅父去拜訪他舅父的好友 —— 著名作家福樓拜（Gustave Flaubert）。舅父想推薦福樓拜做莫泊桑的文學導師。可是，莫泊桑卻驕傲地問福樓拜究竟會些什麼。福樓拜反問莫泊桑會些什麼，莫泊桑得意地說：「我什麼都會，只要你知道的，我就會。」

福樓拜不慌不忙地說：「那好，先跟我說說你每天的學習情況吧！」

莫泊桑通滿自信地說：「我上午用兩個小時來讀書、寫作，用另兩個小時來彈鋼琴，下午則用一個小時向鄰居學習修理汽車，用三個小時來練習踢足球，晚上，我會去餐廳學習怎樣做菜，星期天則去鄉下種菜。」說完後，莫泊桑得意地反問道：「福樓拜先生，您每天的工作情況又是怎樣的呢？」

福樓拜笑了笑說：「我每天上午用四個小時來讀書寫作，下午用四個小時來讀書寫作，晚上，我還會用四個小時來讀書寫作。」

莫泊桑不解地問：「難道您就不會別的了嗎？」

福樓拜沒有回答，而是接著問：「你究竟有什麼特長，比如有哪樣事情你做得特別好的。」

這下，莫泊桑答不上來了。於是他便問福樓拜：「那麼，您的特長又是什麼呢？」福樓拜說：「寫作。」

原來特長便是專心地做一件事情。莫泊桑下決心拜福樓拜為文學導師，一心一意地讀書寫作，最終取得了豐碩的成果。

只有專心致志地做一件事情，才能夠獲得成功。注意力分散，所學的東西也一定只是皮毛，不會深入，更談不上做好。所以，專心做一件事情，並把這件事情做好，是每個人都必須具備的好特質。

弈秋教棋

我們總感慨，現在的孩子是幸福的，有那麼多東西可以學，有那麼多東西可以玩。然而，因為可選項目太過豐富，反倒讓孩子的心變得浮躁，毫無定性，更談不上認真做事情了！他們總是心裡想著這個，手裡做著那個，無所適從，不知該從何做起，把事情做好。當你的孩子同樣有這樣的困擾時，〈弈秋教棋〉可能就是一個好的範例 ——

在戰國時代的齊國，有一位著名的下棋能手叫弈秋。由於弈秋的棋藝高，名氣大，從各地慕名而來的學生不少。

有一次，弈秋同時教兩個智力差不多的徒弟學習下棋。在學習的過程中，一個學生精力集中，認真地聽弈秋講下棋的要領，觀察弈秋下棋的步驟……每天想的、看的、聽的、做的都是下棋的事情，結果棋藝進步非常快，只用半年時間，就成了全國下棋的高手。

另一個學生呢，在弈秋講棋藝的時候，他端坐在那裡，似乎也聽得很認真，實際上他心裡老想著其他的事情。比如，天空有一隻天鵝飛過，他就想，如果我有一把弓箭的話，那該有多好，我就可以拉起弓來把牠射下來呢！老師說的話，他根本沒有聽進去。在弈秋下棋時，他也不認真觀察，總是一下子玩玩這個，一下子張望那個，這個學生學了好久，也沒有把下棋的本領學會！

孩子，這是什麼原因呢？為什麼同樣是跟一個老師學習，一個學得

好，另一個卻學不好呢？在我們的生活中，不管你在做著一件什麼時候，都應該專心地去做，成一件是一件，不然，非但手頭的事情做不好，其他事情也沒有辦法辦好！

學習專心的瑪麗

很多孩子沒有把事情做好的時候，總會藉口說是因為受到別人的干擾。當你的孩子為自己沒有做好的事情找藉口時，你不妨講講這個故事：

幾十年前，波蘭有個名叫瑪麗的小女孩，學習非常專心、認真。不論周圍如何吵鬧，都分散不了她的注意力。

一次，瑪麗在做功課，姐姐和同學在她面前唱歌、跳舞、玩遊戲。瑪麗依然視而不見，專心地看書。

姐姐和同學想試探她一下。她們悄悄地在瑪麗身後疊起幾張凳子，只要瑪麗一動，凳子就會倒塌。時間一分一秒地過去，瑪麗讀完了一本書，凳子仍然豎在那裡。

從此姐姐和同學再也不逗她了，而是像瑪麗一樣專心讀書，認真學習。

瑪麗長大以後，成為一位偉大的科學家。她就是瑪麗‧居禮。

正因為瑪麗做事情專心致志，她才獲得了最終的成功。我們也要像她一樣，當個做事情專注的孩子，不受外界的誘惑！

失智畫家的啟示

有一個失智的孩子，沒有人能教育他，只得求助於康復中心。於是父母把他帶到一家兒童教養中心。那裡的老師也無法管教他，他不停地在課堂上發出像警車鳴叫一樣的聲音，讓其他兒童驚嚇不已。接著大家發現，他的手不斷在玩東西，一刻也不休息，連睡覺的時候也在運動他的手。

老師說：「這孩子沒救了，讓他自生自滅吧！」

一天，這個孩子發現地上有支筆，他像平常一樣不停地玩著這支筆，不斷在地上畫著線條，沒有人能阻止他。

第二天起來，他繼續畫。

但是，細心的老師發現了他畫的這些線條，她驚呼：「天哪，他竟然會畫畫！」

其實，這些線條不是畫，但是一個痴呆兒童能畫出圓、方形的輪廓也足以讓人驚訝了。

老師再也沒有像往常一樣奪走他手中的東西，而是讓他在地上畫，或者在地上鋪上白紙，讓他在紙上畫，然後又給了他不同顏色的筆。除了睡覺之外，他都在不停地畫，沒有人指導他，他的世界裡只剩自己和筆。

十年後，他的畫被人拿到了展賣會，結果，意外地賣出去了，他得到了十六英鎊，而且被許多資深畫家看好。

他就這樣一舉成名，他的名字叫理查·范輔樂，蘇格蘭人，他的作品在歐洲和北美展出一百多次，已賣出一千多幅作品，每幅的售價是兩千美元。

很多人感慨一個失智兒童竟然可以成為畫家，但因為他的眼裡沒有其他的誘惑和干擾，只有他的畫筆，所以獲得了成功。

孩子，一個人如果想要有所成就，首先必須專注用心在一件事情上，把它做得最好，也最出色，那才是成功的第一步。

▌給家長的悄悄話

有的孩子從上學開始，他的家長就不斷地接到老師的投訴，上課十分鐘後，他就開始動、說話；或上課走神，不知上課講的是什麼，不知所留作業；有的孩子雖然看似安安靜靜地坐在那裡做功課，但實際上卻在神遊

四方，心不在焉；作業中掉字、錯字、錯符號。讀書時，錯字、缺字很多；考試中，看錯題，丟分。孩子回到家學習時也非常不專心，一會看看電視，一會喝口水，一會又要上廁所，總之不磨蹭上幾個小時作業是做不完的。一有聲響就四處顧盼。

　　造成孩子注意力不集中的原因是什麼呢？心理學家經過研究得出以下結論。

- **發育比較遲緩**：由於孩子大腦發育不完善，神經系統興奮和抑制過程發展不平衡，故而自制能力差。這是正常的，只要教養得法，隨著年齡的增長，絕大多數孩子能做到注意力集中。孩子注意力的集中程度會隨著年齡的增長而增加，但每個孩子的發育程度不盡相同，有一些孩子快一些，有些孩子慢一些。

- **對需要精力集中的事情沒有興趣**：比如，孩子對老師講課沒有興趣，腦子裡總是在想別的事情，就會注意力不集中。

- **對孩子不切合實際的要求**：現在孩子參加的課外訓練班過多，其實多數都是家長的意願。殊不知這樣的做法也恰恰是形成注意力不集中的因素。孩子的天性是玩，您把他課餘的時間都占滿，他怎麼辦，只好在訓練的課堂上自己想辦法玩了。久而久之，注意力不集中的習慣也就形成了。況且當課程太多的時候，孩子都無法保證上課的時間。當一個孩子一週甚至連一次培訓時間都無法保證時，即使到了補習班，也難以集中精力，更不要說提高成績了。

- **看電視、玩遊戲過多**：當孩子沉溺於某些事情或意識範圍狹窄時，注意範圍亦有相應縮小，因而引起對其他事物的注意力下降，比如，上網、遊戲看電視成癮。電視節目的特點就是畫面生動活潑，孩子習慣

了熱鬧，到了幼稚園或者學校就不習慣靜靜地聽老師的話。電視雖然也能增進孩子的知識，但是對於孩子來說完全是被動的學習，沒有對答，沒有互動，不利於創造思維的培養，語言能力也容易發展遲滯。

◆ **某些生理疾病**：某些腦區功能的缺陷也會造成注意力不集中，這些腦區活動比較弱，就容易引發問題。其中，以兒童過動症也叫注意力缺失症（ADD）為最典型，它是兒童時期的常見病。這些孩子幾乎片刻不停，忙忙碌碌，被各種事物所吸引，雖然他們也有興趣愛好，但對感興趣之事也無法集中注意力。大約有三分之一的兒童多動症患者病情會延續到成年，並且會帶來後遺症，如性格問題等。這類孩子具有注意力分散度較大的氣質特點，應及早到醫院進行治療。

◆ **環境對孩子的注意力的影響**：如看電視、大聲議論或哈哈大笑。有的家長總是擔心孩子不能自覺，所以他們總喜歡在孩子做功課時對孩子問這問那。「做幾題了？還有幾題？」看起來似乎關心了孩子，殊不知這樣不時地干擾孩子，弄得孩子無法集中注意力，思考問題的思路也總被打斷。

◆ **飲食與環境方面**：糖果、含咖啡因的飲料或摻有人工色素、添加劑、防腐劑的食物，會刺激孩子的情緒，影響專心度。此外，環境汙染造成血液中鉛含量過高也有一定影響。

孩子注意力的形成雖然與先天的遺傳有一定關係，但後天的環境與教育的影響更為重要。家長應該根據孩子的身心發展規律與特點，為他創造良好的教育環境，從孩子出生起就有意識地培養孩子的注意力，幫助孩子養成良好的專注特質與能力。

培養孩子的注意力

◆ 營造安靜、簡單的環境。孩子的注意穩定性差，容易因新的刺激而轉移，這是孩子的普遍特點。家長應根據這一特點，排除各種可能分散孩子注意的因素，為孩子創造安靜、簡樸的物質環境。

　　當孩子全神貫注地做某件事時，成人不應隨意地去打擾孩子。我們經常會看到，孩子正聚精會神地玩著插塑或搭積木，一下子，爸爸走過來問一問吃飽了嗎，一下子，奶奶又走過來讓孩子去喝果汁，又一下子，媽媽又叫他幫忙去拿樣東西。孩子短短幾分鐘的活動被大人們打斷數次，時間一長，自然就無法集中注意力。所以，孩子專心做事時，家長最好也坐下來做些安靜的活動，切忌在旁邊走來走去，打擾孩子。

◆ 從孩子感興趣的事情入手。訓練孩子集中注意力做一件事情，從而使孩子的注意力持久。

◆ 培養孩子的自我約束力。孩子的自制能力較差是注意力容易分散的另一個重要原因。當有新的刺激出現時，成人可以約束自己不去關注它，但孩子卻很難做到。因此，為培養孩子的注意力，成人可以有意識地創設情景，逐漸提高孩子的自我約束能力。

◆ 要求孩子在規定的時間內完成作業，有意識地訓練孩子的注意力，比如讓孩子找出圖畫中的不同點，以及「圈字遊戲」等。

◆ 多表揚孩子的進步。強化良好行為：當孩子出現一些良好的行為或比以前有進步的行為時，如做作業比以前精力集中，小動作比以前減少時，給予表揚、獎勵（可以以喜歡他、關懷他作為表揚，可用孩子非常喜歡的活動作為表揚，也可用他喜歡的東西作為表揚）。多注意孩子的長處，多表揚他的優點。

培養孩子的專注能力，家長應該避免

- **沒有釐清原因就開始糾正**：當孩子學習成績不好的時候，不要輕易下結論說是孩子注意力不集中所導致的。

- **隨便批評和抱怨**：家長的批評和抱怨會強化的孩子的弱點。比如孩子注意力不集中，家長逢人便說，這孩子，什麼都好，就是注意力不太集中。久而久之，就會造成孩子的心理暗示，他就會認為自己就是個注意力不集中的孩子，更加難以改變。其實，家長要盡量弱化孩子的這些特點，引導孩子慢慢糾正而不是一味地強化。

- **給孩子太多的任務**：有的家長給孩子安排了太多的任務，特別是當孩子提前完成任務後，又不斷地增加任務。孩子對學習感到厭倦，寫作業的時候就會分心。

教子加油站

1. 培養孩子的專注能力不是一朝一夕的事情，因為這跟孩子的年齡關係很大，所以需要家長有足夠的耐心。但一定要及早培養起來，孩子如果年齡大了還是三心二意，是無法做成一件完成的事情的。

2. 多從孩子感興趣的方面入手，比如繪畫、走迷宮等入手，培養孩子的專注力。如果孩子堅持的時間比較長，家長要有意識地表揚孩子，讓孩子體驗到專心做好一件事情的好處！

   父母是孩子的第一位老師，為了孩子的能力得到更加充分的發展，做家長的，真需要下一番苦心。

第四章　專注是學習優秀的保障

第五章
認眞的人生才精彩

　　認真不僅僅是一種態度，更是一種能力，一種體味做事樂趣的能力，一種把事情「做精、做細、做好」的能力。

　　認真的態度決定了一個人的命運。做事認真的孩子，他一定能掌握住每個需要認真的細節，把事情做得細緻、無可挑剔。那麼，他將收穫的是他人的信任與成功的快樂感。這樣的人生無疑是精彩的。而一個凡事得過且過、馬虎應對的孩子，必然處處受到挑剔與指責，這樣難免造成他不自信的心理。希望孩子生活在「自信、樂觀」的陽光下，就要從培養孩子認真的能力開始！

▎認眞是一種能力

教育專家認為「認真是一種做人的優秀的特質，有了認真的能力，任何時候做任何事情都能夠把自己的水準發揮到最好。」

認真是洞察規律的能力。只有認真，學習、工作才能深入，才能認知自己所做的事情的規律，這樣學習、工作效率才會高，成績才會理想，事情才能辦好。

認真是一種堅守能力。只有認真，才能專注，才能更好地堅持，才能取得事半功倍的效果。

然而，在現實生活中，太 人尚未認知到認真的重要性。很多時候，人們因粗心導致了錯誤時，往往只會輕輕拍一下腦門，笑一下：「又粗心了！」就輕描淡寫地放過自己。於是下一次再粗心，再原諒自己，如此反覆，永無更改之日。

因為缺乏認真的能力，有些孩子上課一聽就懂，其實沒有真懂；看書一看就會，其實沒有真會；題目沒看清條件就做；做完題沒檢查好就上交；發現題目做錯了，認為只是因為粗心造成的，並沒有好好去改。其直接結果是：這些孩子學的時候學不會、考的時候考不好、錯的時候改不了。

其實，不認真在孩子的成長過程中造成的影響不僅僅是學習不好的結果，它還會給孩子帶來不應有的障礙和困擾，輕則事倍而功半，重則嚴重影響到孩子的事業、社會交往等各個方面。

要想孩子不粗心，學習有效。家長需要培養學生認真的能力，認真是一次性把自己的能力發揮到極致的能力。當孩子具有認真能力時，他們每次做事情都會做到他們能力的頂峰，而且每次都會有一定的進步，都會提升他們的潛力。

小提醒

1. 當你吩咐孩子完成一件事情時，孩子是否會認真地去做？
2. 如果他不認真，你會怎樣做？

事實上，空洞地給孩子講做事情「認真」的道理，孩子是不會明白該怎麼做才算「認真」的相反，如果你教給他怎麼做事情才是「認真」的方法，那效果就不一樣了！孩子學會了方法，自然就轉化為能力！

▍從「差不多先生」談起

很多孩子做事情馬馬虎虎，總以為這個「差不多」，那個也沒有差別多少，疏忽大意容易造成行為上的麻痺。馬虎是個非常不好的習慣，如果你的孩子也是一個「小馬虎」，不妨找個機會坐下來，講個〈差不多先生〉的故事給他聽──

差不多先生的相貌和你我都差不多。他有一雙眼睛，但看得不太清楚；有兩隻耳朵，但聽力不太好；有鼻子和嘴，但他對於氣味和口味都不甚講究。他的記性不太精明，思慮也不夠縝密。

他常常說：「凡事只要差不多，就好了。何必太過精明呢？」

小時候，母親叫他去買紅糖，他買了白糖回來。母親罵他，他卻搖搖頭說：「紅糖白糖不是差不多嗎？」

在學校的時候，老師問他：「花蓮在臺灣的哪個方位？」

他說是西邊。老師說，「錯了。是東邊。」他說：「東邊跟西邊，不是差不多嗎？」

後來他在一個當鋪裡工作；他會寫也會算，只是不夠細心。十字常常寫成千字，千字常常寫成十字。主管生氣了，常常罵他。他只是笑嘻嘻地道歉：「千字比十字只多一小撇，不是差不多嗎？」

有一天，他為了處理重要的事，要搭火車到台北。他從容地走到火車站，遲到了兩分鐘，火車已開走了。他瞪著眼，望著遠遠的火車尾，搖搖頭道：「只好明天再去了，今天去跟明天去，也還差不多。可是鐵路公司未免太認真了。八點三十分開，和八點三十二分開，不是差不多嗎？」他一面說，一面慢慢地走回家，心裡想不明白為什麼火車不肯等他兩分鐘。

有一天，他忽然得了急症，趕快請家人帶他去就醫。家人匆匆忙忙地載他前往醫院，但卻掛錯了科別。差不多先生在門診外等待，發現掛錯了科；但病急了，身上痛苦，心裡焦急，想道：「好在兩種疾病也差不多，讓這個醫生治療看看吧！」於是延誤了急症的治療，差不多先生就一命嗚呼了。

差不多先生差不多快死的時候，一口氣斷斷續續地說道：「活人與死人也差……差……差不多，……凡事只要……差……差……不多……就……好了，……何……何……必……太……太認真呢？」他說完了這句格言，方才絕氣了。

這個故事看似詼諧幽默，但調侃之意洋溢於字裡行間，孩子在聽過這個故事以後，抿嘴一笑，已然明白了你的深層含義。以後做事情的時候，他們一定知道凡事不能用「差不多」來搪塞，因為不認真是很大的壞習慣。

備選故事任你挑

少一個馬掌釘

西元一四八五年，英王理查三世與亨利伯爵在波斯沃斯展開決戰。此役將決定英國王位新的得主。

戰前，馬夫為國王備馬掌釘。鐵匠因近日來一直忙於為國王軍隊的軍馬掌釘，鐵片已用盡。請求去找鐵片。馬夫不耐煩地催促道：「國王要打頭陣，等不及了！」

鐵匠只好將一根鐵條截為四份加工成馬掌。當釘完第三個馬掌時，鐵匠又發現釘子不夠了。請求去找釘子。馬夫道：「上帝，我已經聽見軍號了，我等不及了。」

鐵匠說：「缺少一根釘，也會不牢固的。」「那就將就吧！不然，國王會降罪於我的。」結果，國王戰馬的第四個馬掌就少了顆釘子。

戰鬥開始，國王率軍衝鋒陷陣。戰鬥中，意外的不幸發生了，他的坐騎因突然掉了一隻馬掌而「馬失前蹄」，國王栽倒在地，驚恐的戰馬脫韁而去。國王的不幸使士兵士氣大衰，紛紛調頭逃竄，潰不成軍。伯爵的軍隊圍住了國王。絕望中，國王揮劍長嘆：「上帝，我的國家就毀在了這匹馬上！」

戰後，民間傳出一首歌謠：少了一枚鐵釘，掉了一隻馬掌。掉了一隻馬掌，失去一匹戰馬。失去一匹戰馬，失敗一場戰役。敗了一場戰役，毀了一個王朝。

孩子，有些事情，看起來是小事，但小事情能決定一件大事的成敗。所以我們不能覺得這件事情是小事，就馬馬虎虎地完成了。這樣可能會導致我們曾經做的很多努力都前功盡棄。所以，在我們學習或者工作過程當中，都不能忽略了「認真」兩個字。因為，認真是成功必備的條件之一。

一字之差，哭壞全家

從前，有一戶人家，父子在外做生意，婆媳在家裡種地。父子忙不過來，就雇了一個幫手。一天，老父寫了封信寄到家裡。婆媳都不識字，就請人讀信。那人看了信，說：「生意不錯，只是故了一個人。」婆媳一聽，就痛哭起來。同村的人正準備外出，聽到哭聲，就問小孩是怎麼回事。小孩信口答道：「他們家死了一個人。」

後來，這個人碰巧遇到了做生意的父子，連忙說：「你們還不趕快回家！你家死了一個人。」父子一聽，淚如雨下，立即連夜往回趕。

回到家裡，四個人一碰面，都感到莫名其妙。互相詢問了事情的緣由，才知道是因信中寫錯了一個字引起的。信中把「雇了一個人」寫成了「故了一個人」。

孩子，你看，因為粗心大意鬧出了這麼大笑話，真讓人覺得啼笑皆非。所以，我們做什麼事情都要認真，千萬不要粗心大意呀！

菲迪亞斯（Phidias）雕像

認真、踏實地工作是人生中既簡單又深奧的哲理。每一個成功人士都是認真的典範，致力追求精確與完美是成功者必備的優秀特質。

古希臘著名雕刻家菲迪亞斯，被委任為雅典的帕德嫩神殿製作雕像。他很認真地雕刻著這尊位於雅典山丘最高點的巨大雕像。別人對他說：「除了雕像的正面，我們什麼也看不到。你何必雕刻背面也那麼認真呢？」菲迪亞斯卻說：「你錯了，上帝看得到。」

我們做任何事情，上帝都看得到，這個「上帝」就是我們的良心和我們做人的品德。認真是一種對自己負責任的生活態度，對事情的認真態度反映的正是我們的人格特質，沒有這種特質，很難成就一番事業。

粗心的畫家

馬虎，就是做事情粗心大意，常常丟三落四，並因此把能做好的事情做得一塌糊塗，能做正確的題目反而做錯了。「馬虎」這個詞的由來，就是一個教訓。

傳說在宋朝，京城開封有一個畫家，此人繪畫技術非常粗糙。有一天，他畫老虎，剛畫完一個虎頭，就聽一個人說，請替我畫一匹馬，於是他就在虎頭下畫了個馬身。那人說：「你畫的是馬還是老虎？」這位畫家說：「管他的，馬馬虎虎吧！」「馬虎」這個詞就是這麼出現了。那位請他畫馬的人生氣地說：「如此隨便怎麼行呢？我不要了。」於是生氣地轉身走了。

但畫家卻不在意，還把這張畫掛在了自己家的牆上。他的大兒子問：「您畫的是什麼？」他漫不經心地回答：「是老虎。」二兒子問他：「您畫的是什麼？」他卻隨口說：「是馬。」兒子們沒見過真老虎、真馬，於是信以為真，並牢牢地記在腦子裡。

有一天，大兒子到城外打獵，遇見一匹好馬，誤以為是老虎，一箭就把牠射死了，畫家只好賠償馬主人的損失。

他的二兒子在野外碰上了老虎，但卻以為是馬，迎過去要騎牠，結果被老虎咬死了。畫家痛心疾首，悔恨自己處理是不認真，太馬虎，生氣地把那幅虎頭馬身子的畫燒了。

為了讓後人吸取教訓，他沉痛地寫了一首打油詩：「馬虎圖，馬虎圖，似馬又似虎。大兒仿圖射了馬，二兒仿圖餵了虎。草堂焚毀馬虎圖，奉勸諸君莫學吾。」

這個教訓是多麼慘痛、深刻呀！如果這個畫家能「認真」做事，這樣的「悲劇」就不會釀成！以孩子的死亡作為「不認真」的代價，這樣

的代價實在太大了。我們一定要記住這個「血」的教訓，一些看似不那麼重要的事情，也一樣要認真去做。

被灰塵擋住的機會

一件事情能不能做成功，往往跟做事情的人態度認不認真有關係，有時候，小小的失誤將會造成很大的遺憾。

西元一九〇五年，美國天文學家帕西瓦爾‧羅威爾（Percival Lowell）根據天王星、海王星的運動不能解釋的一些現象，預言在海王星外可能還存在一顆未知的大行星，並指出了這顆未知的行星所在的大略方位。

遺憾的是，羅威爾耗費了一量心血，經過十多年的觀測，利用各種儀器對天空進行拍照搜尋，直到去世仍未能找到他所預言的行星。

在羅威爾之後，天文學家愛德華‧皮克林（Edward Pickering）繼續做著羅威爾的事業。他也拍攝了大量的天體照片，一做又是十幾年，還是無所發現。

美國業餘天文愛好者克萊爾‧湯博（Clyde Tombaugh），在西元一九三〇年利用折射望遠鏡沿著整個黃道進行系統拍照，經過比較，發現照片上有一個光點的位置有了明顯的移動。他用望遠鏡直接追蹤觀察，終於獲得了天文學上的又一重大發現──人們期待已久的冥王星終於被找到了。

當湯博宣布這一發現，指出冥王星的位置就在他拍攝的雙子星座的照片上，與羅威爾所指出的位置只差五度時，皮克林猛然想起自己也曾拍攝過那個方位星空的照片。他找到那張照片，立刻輕易地在自己的照片上找到了冥王星的亮點。

他回憶起來了：記得那天拍攝時鏡頭好像沒擦乾淨，照片上冥王星的位置正好有一點灰塵的影子。他當時沒有在意，錯將照片上的冥王星當成

了鏡頭上那一點沒擦乾淨的灰塵。這導致皮克林最先拍攝的冥王星的照片靜靜地沉睡了十一年，他也因此失去了發現冥王星的機會。

羅威爾和皮克林的辛勞值得敬佩，但卻是讓人惋惜。有時候，做一件事情，就在於你夠不夠認真、敏銳。機會永遠留給那些做事認真的人：這些人用自己的眼睛去看別人看過的東西，在別人司空見慣的事物上能夠發現令人耳目一新、為之一振的奇蹟。

▌給家長的悄悄話

孩子做事情不認真的原因是多方面的，要想幫助孩子克服做事情不認真的壞習慣，家長首先要找到孩子不認真的原因。

- ◆ 孩子年齡還小，各項發育還不完善，知識結構單一，對事物的判斷不準確，是造成他做事不小心的重要因素。
- ◆ 孩子自制力差，缺乏有效管理和是非判斷能力的孩子們是很難經得住誘惑，很難做到做事情專注、認真的。
- ◆ 態度不認真，對學習缺乏責任心，敷衍了事，因而理解知識時囫圇吞棗，做事情時敷衍塞責，馬馬虎虎隨便做完了事。
- ◆ 性格問題：急脾氣，做什麼事都心急，急急忙忙難免出錯。
- ◆ 熟練程度上的問題：因為對所做的事情不熟練，顧此失彼，出現錯誤。
- ◆ 缺乏興趣：對某件事缺乏興趣，導致孩子做這件事情的時候馬虎應付，不講究自己做的事情對還是不對，好還是不好。

了解了孩子做事情馬虎、不認真的原因後，家長的教育與引導，是養成孩子做事小心認真好習慣的唯一保證。

糾正孩子做事情馬虎的缺點

第一，讓孩子體驗不小心所造成的後果。

父母的單純說教，對於生活知識不完備，尚未建立完善邏輯思維的孩子來說，作用不大。因此，父母可有意識地讓孩子體驗他不小心所造成的惡果。例如，不小心弄髒了牆壁，就讓他自己去清洗。可能他洗不乾淨，卻在這件事中汲取了教訓。這種切身體驗，比說教更令孩子記憶深刻。

第二，和孩子比一比、賽一賽。

要讓孩子完全信服父母的說教，父母也要以身作則，平時做事小心認真。不妨以自身為例，向孩子講解由於不小心、不認真所造成的失誤後果。父母和孩子一起，建立一個失誤記錄，比一比、賽一賽，在一定時限內，看誰由於不小心所造成的失誤最少。

興趣，能夠培養孩子認真的特質

培養孩子認真的特質，光跟孩子講道理是沒用的，重要的是培養他的興趣和注意力，久了孩子就養成認真的態度，形成認真的能力──

某位著名畫家先生從小受母親的影響，對藝術抱有濃厚的興趣。那個時候，母親經常在家中刺繡，他就一直在旁邊看著，漸漸的，他對圖案、繪畫萌發了興趣。

那時候的畫家雖然很想學畫畫，但家裡根本負擔不起他的學費。那個時候，畫畫幾乎是有錢人的專利。於是畫家想了一個一舉兩得的辦法，他找來一根樹枝，把大地當畫紙，再把眼前的風光當臨摹的風景。他畫得非常認真，雖然在地上畫與在紙上畫有很大的差異，但她認為先在地上練好，以後學別的畫也就容易了。就這樣，他每天將這種繪畫方式當成自己學習的課堂，認真地畫好每一幅「畫」。他堅信，只要自己認真畫，總有練好的那一天。

後來，畫家終於有機會圓了自己的學畫夢，他有了新的學習機會，他比其他任何同學都要珍惜這個學習機會，他認真地聽每一堂課，畫每一幅畫，精心雕琢自己的每一幅作品，終於成為享譽海內外的著名畫家。

畫家說：「其實我也就是有點認真的本事而已。」

正是因為對繪畫有興趣，所以畫家才能做到「認真」與「堅持」，並將之付諸於行動上。如果你覺得自己的孩子做事情老是馬虎，不認真，不如先從了解孩子的「興趣」，從「興趣」入手，點滴做起，可能會收到意想不到的成效。

孩子認真特質的培養需從小事做起

父母在教育孩子的問題上，應從每一件小事入手，讓孩子對每一件小事認真、負責，養成孩子做事認真的態度和習慣。由於平時沒有注意養成認真的習慣，許多孩子做事馬虎、不注重細節，對看似小問題的事情不認真去做。

芬妮要搬新家了，她存了一大罐硬幣，爸爸媽媽和芬妮商量，讓她將這些硬幣拿到銀行兌換成紙鈔。芬妮想到能換成大面額的鈔票，欣然應允了。

現在的問題是，要將硬幣數出來。這麼多硬幣一個人數，時間要很久。爸爸媽媽建議將硬幣分成三份，爸爸媽媽和芬妮每人各負責數一份。

芬妮負責的那堆最小，一下子她就數累了。她開始東張西望，把剛剛數多少忘記了。結果，芬妮又重來一遍。芬妮偷偷地看看爸爸媽媽，發現他們兩個人很認真，一枚硬幣、一枚硬幣地數，一邊還在紙上記著數字。芬妮不想記，她嫌這樣太麻煩。

最後，當爸爸媽媽都數完時，芬妮才數了一點點。爸爸媽媽指出芬妮慢的原因，做事時總是容易分心，不認真。芬妮意識到自己的問題，最

後，她終於將她的那一堆硬幣數出來了。三個人的硬幣加在一起，總共是三百六十二美元五美分。

爸爸媽媽讓芬妮明白了一個道理，做事要堅持與認真，這對她的成長極有益處。事實上，培養孩子認真的特質，家長需要做到有恆心，能堅持，從小事培養起，告訴孩子，凡事認真對待，才有取勝的機會；只有在小事上認真，才能做好大的事情。這樣，孩子才能逐步養成認真學習，認真做事，認真對待一切事情的良好習慣，並將這種習慣逐漸轉化為自己的一種能力。

當然，培養孩子認真的特質不是一朝一夕的事情，需要培養者以巨大的恆心和毅力，不斷練習和修正，逐漸形成一種分析問題、解決問題的能力。

培養孩子認真的態度，這樣的做法不可取

◆ 反正孩子還小，他不認真很正常，不用要求他了。

◆ 批評他，然後替他將任務完成。顯然，這兩種做法都不好，不嚴格要求孩子，聽之任之，或批評了孩子，但最終還是由你來替他完成，以後他還能聽你的話嗎？

◆ 幫助孩子檢查作業，心不在焉，馬馬虎虎了事。事實上，你的不認真是孩子效仿的榜樣。若出現錯誤，孩子會覺得：我的爸爸媽媽幫我檢查作業都檢查錯了，不是他們的水準不行，就是他們根本不把我的作業當一回事。這樣，你們的教育怎麼可能有說服力呢？

教子加油站

在孩子成長的過程中，因為浮躁，做事情馬虎是難免的。身為父母，我們不能遷就孩子的壞習慣，但也不能誇大事態，以為孩子如此就沒有救了。習慣的培養、能力的形成，是需要時間沉澱的。

有真愛的家長或者真正懂得表達愛的父母會用讚許的目光注視著孩子成長過程的每一細節，當孩子出現問題時，他們會想辦法幫助孩子，讓孩子克服問題，而不是責罵或者逃避。孩子每一種能力的形成，與家長的教育都有著很大的關係。理解你的孩子，是給予孩子的最大的幫助！

第五章　認真的人生才精彩

第六章
成功的前提是「勤奮」

　　無數成功人士的例子告訴我們：在天賦、能力、機遇、勤奮、鬥志等成功要素中，排在第一位的一定是勤奮。一個人的成就與他所投入的時間、精力、勤奮程度是成正比的。即便一個人資質平庸，但勤奮能彌補這點不足。麗一個人即便聰明，但如果不勤奮，也同樣一事無成。

　　我們的孩子今後無論走哪一條道路，只要有「勤奮」相伴，成功也將如影隨形。正如狄更斯說的「我所收穫的，是我種下的」。所以，如果你希望自己的孩子有所作為，那就從現在開始在他的思想上播下「勤奮」的信念和種子吧！

▎勤奮的益處

　　勤奮是孩子從小就必須培養的一種特質，它能讓天資聰慧的孩子早日成才，也能讓天資稍遜的孩子同樣取得成功。所以，擁有勤奮這種特質的孩子，就擁有了幸福生活的源泉！猶太人教育孩子：勤勞的人，造物主總會給他最高的榮譽和獎賞；而那些懶惰的人，造物主不會給他們任何禮物。

　　勤奮的孩子對學習毫不鬆懈，對工作有極大的熱情。他們總是顯得生機勃勃，生命力旺盛！而懶惰的孩子，對學習毫無興趣，對生活缺乏熱情，他們毫無追求，總是當一天和尚敲一天鐘——得過且過。他們生活得毫無熱情，在精神上缺乏自信，他們的表現總是頹廢而消極的！

　　勤奮的孩子有很大的吸引力，他們在人際上交往上無疑會取得成功！因為他的勇氣和毅力，會讓周圍的人產生敬佩和尊重之情；而他的勤奮與追求，則更讓周圍的人為之感動，受到啟發。所以，他們的朋友不請自來！相反，懶惰的孩子缺乏成就感，太多的理由和藉口讓身邊的人厭煩，他能得到的尊重幾乎是零！

　　勤奮的孩子，因為勤勉的累積，產生了巨大的人格力量和強大的精神動力。他們往往有一顆執著的心，不輕易妥協，不氣餒！所以，勤奮也是意志力堅定的一種表現，是有恆心的另一種說法！而懶惰的孩子因為懶惰所以一事無成，他們往往把自己的不成功歸結為「命運不濟」而不是自己不曾積極、不曾努力造成的！

　　勤奮的孩子鬥志昂揚，他們勇於接受新事物，勇於挑戰！而懶惰的孩子缺乏鬥志，害怕挑戰，他們總擔心自己做不好事情，在還沒做事情之前就已經否認了自己！

　　勤奮源於對自身的重視，勤奮的孩子往往更加熱愛生活，更懂得想要

收穫必須勤奮的道理！而懶惰的孩子比較容易自暴自棄，有時，因為懶惰，他們會用各種藉口逃避生活！

所以，培養孩子勤奮的特質意義重大，因為勤奮給人的不僅僅是「成就」，更多的是因為自我認知產生的精神愉悅感！用故事的方式潤澤孩子的心靈，啟迪孩子勤奮的特質，能達到潤物細無聲的效果！

小提醒：對於勤奮的理解

1. 勤奮不僅僅是埋頭苦幹，而應該在手勤的同時做到腦勤！啟發孩子多動腦，多思考，這樣的勤奮才是有效的！
2. 勤奮不是單一、機械地唯讀語文、數學、英語等學科的知識，身為家長，更應該讓孩子廣泛地涉獵各種學科的知識！
3. 勤奮是深度的探究，不是只停留在表面上做大量的工作！

▌講講「孔子」的故事

如果你的孩子還懵懂無知，只知道玩，不知道勤奮的道理。你可以在孩子睡覺前給孩子講講孔子小時候的故事！

孔子識字

孔子是春秋時期著名的思想家、教育家、政治家，也是儒家學說的創始人。相傳他有三千名學生，學生中在當時被稱為賢人的就有七十二人。孔子能有這樣的成績，和他的勤奮刻苦是分不開的。

孔子的媽媽在孔子剛滿三歲的時候，就教他讀書識字。孔子四歲的時候，就已經能認識一百多個字了。有一天，媽媽問孔子：「孩子，我昨天教你的字記住了嗎？」

　　孔子說：「都記住了。」

　　媽媽說：「那好，明天一早我就考考你。」

　　這天晚上，孔子鑽入被窩後對哥哥說：「哥哥，媽媽教給你的字你都記住了嗎？」

　　哥哥道：「都記住了。你呢？」

　　孔子說：「我已經練習很多遍了，但不知道都記住了沒有，明天一早媽媽就要考我了，如果我不會，媽媽一定會非常傷心和難過的。不行，我一定要起來再多練習幾遍。」

　　哥哥心疼地說：「天氣涼了，別起來練了，就在我的胸口寫吧！我能感覺到你寫得是對還是錯！」

　　於是，孔子就在哥哥的胸口上寫了起來。每寫一字，就唸出聲音。慢慢的，這聲音越來越輕，當他寫完最後一個字的時候，竟趴在哥哥的胸口上睡著了。

　　第二天一早，媽媽考他的時候，發現孔子居然都記住了！媽媽驚喜地對爸爸說：「這孩子太厲害了，前天教了他那麼多字，只花了一天的時間，他居然就記得滾瓜爛熟，將來這孩子必定能成大事啊！」

　　孔子望著媽媽欣喜的面孔，高興地笑了。從此，他學習更加勤奮了！

　　孩子即便年紀很小，但他們已經懂得體貼大人，知道自己如果表現不好，爸爸媽媽是會傷心的！推己及人，故事裡的孔子，也許能讓孩子明白一些做，人的道理！原來，在小的時候，我們勤奮是希望得到表揚，讓爸爸媽媽高興的！

孔子學琴

孔子不僅小時候學習認真、勤奮，出名以後，他依然非常謙虛、勤奮好學！

孔子聽說魯國著名的音樂家師襄子彈琴的技藝很高，就親自登門拜訪，請師襄子做他的老師，教他彈琴。

師襄子說：「你是一個大學問家，我怎麼敢當你的老師呢？」

孔子說：「三人同行，必有我師。我下決心跟你刻苦認真地學，絕不馬馬虎虎。請老師不要嫌棄學生，相信我能夠學好。」

師襄子被孔子誠懇的態度深深地打動了，便一絲不苟地從頭教了起來，從怎樣安弦、怎樣定調談起，一點也不馬虎。

孔子早就懂得演奏的姿勢和要領，但還是認真地按照師襄子的要求，從基礎開始練習彈琴。一連彈了十天，從未間斷過。孔子越彈越熟練，越彈越得心應手。師襄子覺得孔子已經彈得不錯了，就對孔子說：「這支曲子你已經學會了，彈得很熟練，從明天開始可以改彈新的曲子了。」

孔子知道自己雖然有了進步，但與老師相比，差距還是很大的。他對師襄子說：「我雖然學會了彈這個曲子，但只熟悉這個曲子的音節、節奏和技法，對這個曲子要表達的精神和內容，我還不能理解，我想繼續練習彈奏！」

師襄子看到孔子如此嚴格要求自己，心裡非常高興，他同意孔子再將這個曲子練習一段時間。並教他怎樣透過彈奏來體會曲子的精神和內容。

一天，師襄子坐在孔子身邊聽孔子彈琴，他一邊聽，一邊不住地點頭。師襄子情不自禁地說：「我看見了他，他十分激動，又十分嚴肅，他正在思考著天下的大事……」

這時，孔子也按捺不住心頭的激動，一邊彈一邊說：「是的，老師，

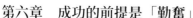

我也看到了，他的臉黑黝黝的，個子高高的，眼光炯炯有神，正在關注著整個天下，他思考著四方的百姓……我理解了，我理解了，他正是文王。除了他，誰有這種氣派呢？」

師襄子聽了孔子的話，激動得站了起來，他十分佩服眼下這位學生。他連忙離開座位，向孔子鞠躬行禮，對孔子說：「你說得真好，說得真對，這個曲子，就叫〈文王操〉。」

勤奮不僅僅是少年時代的事，正所謂活到老，學到老，學無止境，更沒有尊卑！能者是老師！所以，親愛的孩子，不論你的地位多高，你的能力多強，都不要忘記了勤奮努力！只有勤奮，才能擁有更加淵博的知識！

▎備選故事任你挑

懶馬的下場

如果孩子缺乏做事情的動力，性格懶散，總想方設法偷懶，迴避做事情。你可以給他講講〈懶馬的下場〉：

有兩匹馬，各拉了一大車的貨物到集市上去賣。前邊的那一匹馬勤勤懇懇，認認真真地工作。但後面的那一匹馬卻喜歡偷懶，牠每走一小段路，就要停下來休息。主人看牠太慢了，就把牠拉的貨物都搬到前面那匹馬拉的車上去了。後邊這匹馬很高興，牠一邊走一邊嘲笑前邊的那匹馬：「你很辛苦吧！流汗吧！你越是努力做，人家越是要折磨你。」前邊的那匹馬默默地拉著車，沒有搭理後面的那匹馬！

到了集市賣完貨物以後，主人做的第一件事就是把那匹懶馬拉到屠宰場賣了。主人對屠宰場的人說：「這匹馬越來越慢了，恐怕是老了吧！留著也沒有用！你就殺了賣吧！給我一些銀子就可以了！」

後面的那匹馬聽了，才知道原來都是因為自己偷懶才惹來殺身之禍

的！但是，後悔有什麼用呢？

孩子，懶惰的人總以為自己懂得偷懶就占到便宜了，實際上，因為懶惰付出的代價更大！所以，要想得到更好的報酬，就應該勤奮努力！

畫家的孔雀圖

很多孩子在做事情的時候會抱著一種僥倖的心理，他們總以為蒙混就可以過關，當你的孩子有這樣的思考傾向時，不妨給他講講這個故事：

有位畫家的水彩畫畫得特別好，國王聽說了，就專程去拜訪這位畫家。希望畫家能為他畫一隻孔雀。畫家答應了！

一年後，國王再次來到畫家的家裡。他問畫家：「我訂購的水彩畫在哪裡？我今天是來取畫的。」

「你的孔雀馬上就能畫好，您稍等！」畫家回答。

畫家拿出了一張畫紙，沒多少工夫，就畫了一隻非常美麗的孔雀。

國王看了非常滿意，但畫家要的價錢卻讓他大吃一驚，「就那麼一下子工夫，你看來毫不費力，輕而易舉就畫成了，竟要這麼高的價錢？你這不是敲詐嗎？」國王大聲嚷道。

於是，畫家就領著國王，走遍了他的房子。

原來畫家的每個房間裡，都放著一堆堆畫著孔雀的畫紙。

畫家說：「這個價錢是十分公道的，您看起來毫不費力的事情，卻是花費了我很多的時間和精力。為了在這一下子的時間裡為您畫這隻孔雀，我可是用了一整年的時間做準備呢！」

國王聽了，如數地付了畫家要的那個價格！

任何成功都是以勤奮為代價的！就像冰心說的那樣，「成功的花，人們只驚慕她現時的明豔！然而當初她的芽兒，浸透了奮鬥的淚泉，灑遍了犧牲的血雨！」沒有奮鬥，便不可能看到成功的花，嘗到成功的果實！

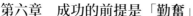

司馬光的枕頭

司馬光是古代著名的思想家、文學家。他寫的《資治通鑒》流傳至今！

司馬光小的時候，也是一個貪玩、貪睡的孩子。因為貪玩、貪睡，他常常遲到，無法及時完成作業，所以經常被老師責罰，被同學們嘲笑。

有一天，老師意味深長地對司馬光說：「孩子呀！一個貪睡的人，再聰明也沒有用！」在老師的諄諄教導下，司馬光決心改掉貪睡的壞習慣。

為了早早起床，司馬光用圓木頭做了一個警枕，早上一翻身，頭從警枕上滑落在床板上，自然就能驚醒過來！從此，他每天都很早起床讀書，堅持不懈，終於成了一個學識淵博的人！

著名的大學問家司馬光小的時候也是一個貪玩、貪睡的孩子，但因為他懂得改掉自己的壞習慣，勤奮地學習，最後終於成為一個有學問的人！所以，困難是可以克服的，只要你有一顆勤奮的心！

幸福的種子

有兩個追求幸福的窮苦年輕人，經過艱難的跋涉後，終於在一個很遠的地方，找到了幸福的使者。使者見他們都有一顆善良的心，便給了他們每人一顆幸福的種子。

一個年輕人回去後，將種子撒在自己的土地裡，不久他的土地裡就長出了一顆樹苗。他每天辛勤地澆灌樹苗，第二年就長成了枝繁葉茂的大樹，累累的果實掛滿了枝頭。他繼續努力，幾年工夫就擁有了大片的果園，成了遠近聞名的富人。他娶了妻子，有了兒子，過上幸福的生活。

另一個年輕人回去後設了一個神壇，他將幸福的種子供奉在上面，每天虔誠地祈禱。年輕人把頭髮都熬白了，卻仍然一貧如洗。他非常生氣，就再次跋山涉水來到幸福使者面前，抱怨使者騙了他。

　　幸福使者笑而不答，只讓他到第一個年輕人那裡看看。當這個年輕人看到大片的果園時，馬上醒悟過來，他急忙跑回去將那顆種子埋到土裡。可惜的是，幸福的種子已被蟲蝕空，失去了生命力。

　　其實，幸福的種子只有種在大地上，用勤勞的汗水澆灌過後才能結出豐碩的果實！如果只是想坐享其成，等待幸福之神的眷顧，最終將一無所得！

　　如果你的孩子是個很有夢想的孩子，那就要鼓勵他，只有將夢想轉化為行動，勤奮耕耘，才可能獲得成功！記住，孩子的行動力越強，他成功的機會就越大！

海邊的貝殼

　　也許很幸運，你的孩子恰好具備了勤奮的特質，那麼恭喜你！但孩子在勤奮的過程中做的是否都是有效的工作呢？又或者，他只是把勤奮作為一種行為的慣性，並沒有想過，勤奮也需要思考，檢驗自己的所得。也許〈海邊的貝殼〉能給那些勤奮但不懂得總結的孩子一些啟示：

　　一位長者告訴一位渴望財富的年輕人，北海岸邊有金貝殼，於是這個年輕人就不辭萬里來到了北海岸邊的海灘上，不顧一切開始了尋找金貝殼的工作。起初他耐心地撿起每一枚貝殼仔細端詳，確定不是金貝殼後才把它扔掉。北海岸邊寒風襲人，年輕人拾起的每一顆貝殼都是冰涼的。天氣的寒冷、工作的單調，使年輕人漸漸失去了耐心，漸漸的，他只感覺一下，就將貝殼扔掉了。一天、兩天、一個月、兩個月，無數貝殼被年輕人撿起又扔掉，卻始終沒有找到老者所說的金貝殼，年輕人很頹喪，覺得自己已不可能找到金貝殼。

　　但年輕人很執著、很勤奮，一直不停地忙碌著，終於有一天，一枚金貝殼被他拾在手中，但無數次的失敗使年輕人無形中形成了思維定式，他

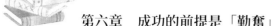

只是感覺一下那枚貝殼，看都沒有看，那個想法就又冒出來：不可能，撿起來那麼多都不是金貝殼，這枚怎麼就那麼天遂人意呢？年輕人就這樣把金貝殼隨手扔掉了。

後來年輕人又撿到一枚金貝殼，又被他扔掉了。後來他老了，無奈地回到家鄉，他告訴別人：北海岸邊沒有金貝殼。

勤奮是可取的，但在很多情況下，多次的重複反而形成了一種固有的思維模式。這樣的勤奮反而是沒有益處的！不良的思維定式改變得越早，對孩子的幫助越大！

▌給家長的悄悄話

一個勤奮的人，他能夠取得的成就必然比不勤奮的人更高。美國《行列》週刊有一則報導：美國新罕布什爾州的查維斯夫婦的五個孩子先後考入了著名的哈佛大學，其中大兒子馬蒂在哈佛大學讀完了生物化學學士和電腦學碩士後，又在史丹佛大學讀完了醫療資訊學博士；大女兒安德列婭從哈佛大學畢業後，又在史丹佛大學獲得了電腦碩士和法律方面的學位。只有高中教育程度的查維斯夫婦認為，孩子掌握知識的多與少，取得成就的高和低，完全取決於他的勤奮程度。編者認為，家長宜從幾個方面來培養孩子的勤奮特質 ——

- ◆ 要嚴格要求孩子：做事情，無論大小，都應該要求孩子認真對待，培養孩子踏實、勤奮的習慣！如果孩子並沒有勤奮的意識，就需要家長為孩子建立起這種意識！並在孩子有所表現的時候給予積極的肯定，讓孩子嘗到「勤奮」的甜頭！
- ◆ 對孩子循循善誘：基於年齡的特徵，一般的孩子意志力都不太強，為

了讓孩子養成勤奮的習慣，家長不妨採用循循善誘的辦法，有步驟地引導孩子去學習。

◆ 對孩子的要求要根據孩子的表現而提升：孩子總是比較容易滿足於當前的成績，在取得成績後容易不思進取。這時候，家長應該及時根據孩子的表現而提出高一點的要求，讓孩子永遠有前進的方向和目標。

◆ 透過實作培養孩子勤奮的特質：勤奮不僅表現在學習上，更表現在工作和實作上。當孩子走上社會後，他的勤奮就直接表現在工作中。因此，家長要有從小就透過實作來培養孩子勤奮工作的好習慣。如平常多讓孩子做點自己力所能及的事情，洗一洗自己的襪子等。

◆ 用立志激勵孩子勤奮：俗話說：「有志者事竟成。」如果孩子確定了一個明確的目標，建立了一個遠大的志向，他就能夠用這個志向去激勵自己勤奮學習，從而實現自己的理想。所以，父母要多鼓勵孩子，與孩子一起立志！

家長請注意

孩子勤奮與否，與家長的教育與引導是分不開的，如果你的孩子一直都對成功缺乏欲望，對許多事情缺乏熱情，家長就應該檢討一下，自己的教育是否有以下的問題 ——

◆ 對孩子的事情漠不關心，缺乏引導與教誨，認為勤奮與否只是孩子自己的事情！事實上，孩子的勤奮努力是需要得到家長肯定的，如果家長能多站在孩子的立場上，肯定孩子的用心，孩子將因為家長的關愛，變得更加勤奮起來。

◆ 要求孩子勤奮，但心態浮躁，急於求成！事實上，引導孩子勤奮，家長的態度要平和，要有一個階段性的過程！

- 經常向孩子潑冷水，認為孩子再怎麼勤奮都沒有用，「天才」是自生自長的，自己的孩子這麼笨，勤奮是解絕不了問題的！其實，這樣的想法是錯誤的，任何一個人，即便天資不怎麼樣，只要後天努力，他還是可以取得成績的。

- 自己就貪玩，經常出去打麻將，看電視看到半夜，每天上班都沒有精神……實踐證明，身教的力量勝於言傳，如果身為家長，自己的人生態度都是鬆懈的，怎麼能教出一個勤奮的孩子呢？孩子特質的養成，沿襲著家長自身的軌跡！

徐達章教子

　　徐悲鴻的父親徐達章是一位小有名氣的畫家，他不慕功名，從來不與官場中人來往。徐悲鴻六歲那年，就開始跟著父親讀書。年紀小小的徐悲鴻對畫畫有強烈的欲望，他躍躍欲試，總想畫出一幅好畫讓父親欣賞。

　　有一次，父親給徐悲鴻講述了《論語》中的勇士莊子一人擒住兩隻老虎的故事。徐悲鴻邊聽邊想：「老虎到底長什麼樣呢？我要把老虎畫下來！」於是，徐悲鴻找到一位會畫畫的大人，請他畫了一隻老虎。回到家後，徐悲鴻照著畫上的老虎的樣子，細細地描了下來。畫完後，他高高興興地把自己的畫拿給父親去看。

　　父親看到徐悲鴻的「大作」後，笑著問他畫的是什麼，徐悲鴻自豪地回答說：「是老虎呀！」

　　父親故作驚訝地瞪大眼睛：「這是老虎嗎？我看像一條狗嘛！」徐悲鴻被父親潑了一盆冷水，心裡很難受。這時，父親語重心長地對他說：「孩子，畫畫必須用自己的眼睛去觀察實物。你沒有見過真的老虎，就不可能畫出逼真生動的老虎來。現在你還小，應該首先發奮讀書，打下扎實的教育基礎，只有累積了豐富的知識，學習繪畫才算有了根基。所以，爸爸希

望你現在勤奮讀書，繪畫以後再學還來得及。」聽了父親的話，徐悲鴻從此就在父親的諄諄教誨下勤奮讀書了。

九歲時，徐悲鴻就讀完了《詩》、《書》、《禮》、《易》、《四書》、《左傳》等啟蒙書籍。父親看時機漸漸成熟，便開始指導徐悲鴻學習臨摹。他對徐悲鴻說：「畫畫是生活的再現與濃縮，要想學好畫，必須以生活為本，多把眼光投向社會與人生。」父親還想方設法教徐悲鴻觀察、欣賞大自然，這讓徐悲鴻深深地感受到了自然之美，他迫切地渴望把觀察到的景象用自己的畫筆更好地表現出來。在父親的教育下，徐悲鴻更加勤奮學習，終於成為一代大師。

孩子天性好奇，對很多新鮮的事物都充滿了興趣，身為家長，應該引導孩子將興趣轉化為勤奮的動力，這樣才能學有所長，學有所成！如果單憑孩子的興趣發展，而不給予適當的引導，孩子可能常為興趣左右，最終導致學無定性，學無專長。

李嘉誠立志

有一次，李嘉誠的父親 —— 李雲經帶著兒子李嘉誠到了海邊。他一邊指著港口往來如梭的巨輪，一邊對李嘉誠講述生活的道理。但是，年幼的李嘉誠對父親講的道理並沒有興趣，反而對停靠在碼頭的巨輪產生了興趣。他覺得這麼大的輪船可以安穩地在海上航行是非常了不起的事情。他指著大船對父親說：「爸爸，我將來也要做船長！」父親高興地對兒子說：「好孩子，真有志向！但是，做一名船長非常不容易，必須考慮很多問題，思考必須很全面。」父親把手放在李嘉誠的肩膀上，說：「你看，現在天氣很好，船隻在海中航行就比較安全。但是，如果出海後，風暴來了怎麼辦？做船長的人，必須提前想到這種情況，提早做好一切準備工作。其實，做任何事情都要像做船長一樣，預先考慮周全，隨時準備應付一切問題。」

李嘉誠從小就立志做船長，並朝著這個目標不斷努力，勤奮學習。雖然，他最終沒有成為船長，但是，他一直以船長的意識去經營他的公司和人生。他喜歡把自己的人生比作一條船，喜歡把自己的李氏王國比作一條船。他曾經自豪地說：「我就是船長，我就是這條航行在波峰浪穀中的船的船長。」

　　現實生活中，如果我們每一位家長都能像李嘉誠的父親那樣積極地肯定孩子的志向，並給予精神上的鼓勵與支持、行動上的監督。孩子在信念的支持下，一定會變得越來越勤奮刻苦起來！

教子加油站：賞識孩子的勤奮努力

　　當孩子在學習或其他方面取得優異成績時，不要把這個成績歸功於孩子的先天優勢，而是把關注點集中在孩子的後天努力上。

　　身為父母，應該賞識孩子的勤奮和努力，對他們的努力給予最熱情的支持和鼓勵。不要因為自己孩子的不聰明而氣餒，而應該為孩子的不努力而擔心。

第七章
要學好，勤思考

　　德國物理學家馬克斯·普朗克（Max Planck）曾經說過：「思考可以構成一座橋，讓我們通向新知識。」喜歡動腦筋思考的孩子內心充滿了好奇與求知的欲望，在「欲望」的驅使下，這些孩子更加熱衷於學習。他們學習的主動性更強，成績就更加優異。

　　培養孩子勤動腦的學習習慣，無異於給孩子的能力裝上了「馬達」，在「未知」的驅動下，你的孩子必然能成為一位優秀而傑出的人才。

思考促進思維發展

有道是「刀不磨要生銹，腦不用要遲鈍」，積極主動地思考與探索新知，多管道、多角度地尋求解決問題的方法，能促使孩子思維水準的逐步提高。一個勤於動腦，肯思考的孩子，能夠理解和掌握更多的知識，形成更加優良的學習習慣。

思考好比播種，行動好比果實，播種越勤，收穫也越豐。一個善於獨立思考的孩子才能收穫到豐收的喜悅。

勤於動腦有助於更深入、更牢固地學好知識和提高學習效率。正因為如此，那些善於動腦筋的孩子，學習成績往往比較好。而不愛動腦的孩子，他所學的知識只停留在事物的表面，不能做到知其然，知其所以然，所以知道的也就比較膚淺了。

勤於動腦的孩子懂得舉一反三，融會貫通，這樣他就能學到更多知識，不同學科的內容都能很好地掌握；而不愛動腦筋、不獨立思考的人往往只會跟著別人的思路跑，這種人的所學一定有限。

正因為如此，我們要教育孩子以積極主動的態度對待學習，在學習時善於開動腦筋思考問題，學習時要多動腦筋，多提問題，注意採用好的學習方法。這樣學習的效率才會提高，學習的能力才能加強。

> **小提醒：要學好，勤動腦**
>
> 多想多問最重要，勤學多思境界高。
> 遇到問題不怕難，學習方法要巧妙。

▌從「為了偷懶」談起

　　愛動腦筋的人能讓自己獲得更多的益處，而不愛動腦筋的話，往往要付出更多的努力。如果你的孩子在學習過程中疏於動腦思考，透過這個故事告訴孩子動腦筋還能「偷懶」的道理，孩子一定會樂於接受的：

　　美國有個叫傑福斯的牧童，他的工作是每天把羊群趕到牧場，並防止羊群越過牧場的鐵絲網到相鄰的菜園裡吃菜。

　　有一天，小傑福斯在牧場上不小心睡著了。不知過了多久，他被一陣怒罵聲驚醒。只見老闆怒目圓睜，大聲吼道：「你這個沒用的東西，菜園被羊群攪得一塌糊塗，你還在這裡睡大覺！」

　　小傑福斯嚇得面如土色，不敢回話。

　　這件事發生後，機靈的小傑福斯就想，如何才能使羊群不再越過鐵絲柵欄呢？

　　有一天，他發現，那片有玫瑰花的地方，並沒有更牢固的柵欄，但羊群從不過去，因為群羊怕玫瑰花的刺。「有了，」小傑福斯高興地跳了起來，「如果在鐵絲上加上一些刺，就可以擋住羊群了。」

　　於是，他先將鐵絲剪成了五公分左右的小段，然後把它結在鐵絲上當刺。結好之後，他再放羊的時候，發現羊群起初也試圖越過鐵絲網去菜園，但每次都被刺痛後，驚恐地縮了回來。被多次刺痛之後，羊群再也不敢越過柵欄了。

　　小傑福斯成功了。

　　半年後，他申請了這項專利，並獲得批准。後來，這種帶刺的鐵絲網便風行全世界。

　　也許小傑福斯的創意最初只是為了彌補過失或偷懶，這樣他就不用一直盯著羊群，也能顧好羊群了。而實際上，如果他不愛動腦筋，一定想不

出這樣的好辦法。所以，我們要經常開動腦筋，這樣才能避免做一些不必要做的事情，省得走彎路。

備選故事任你挑

牛頓與蘋果

長期以來，牛頓認為，一定有神祕的力存在，是這種無形的力拉著太陽系中的行星圍繞太陽旋轉。但是，這到底是怎樣的一種力呢？

西元一六六五年秋季的某日，牛頓坐在自家院中的蘋果樹下苦思著行星繞日運動的原因。這時，一顆蘋果恰巧落下，掉在牛頓的腳邊。

這次蘋果下落與以往無數次蘋果下落不同，因為它引起了牛頓的注意。牛頓從蘋果落地這一理所當然的現象中找到了蘋果下落的原因 ── 引力的作用，這種來自地球的無形的力拉著蘋果下落，正像地球拉著月球，使月球圍繞地球運動一樣。

思考是一條繩子，它會牽動那些勤奮思考的人走向成功。遇到問題多思考，你就可以透過現象發現本質。如果你愛思考，一定可以成功！

瓦特與蒸汽機

瓦特從小熱愛學習，善於觀察。他的學習成績非常優秀，數學成績總是全班第一。回家後還主動找書看，研究天文、化學、物理等知識，並逐漸掌握好幾種語言。此外，他的實作能力也很強，經常到父親的工廠裡去看大人們工作，或者當個小幫手，學習修理儀器、製作模型等技術。

有一天中午，小瓦特守在爐子旁，呆呆地看著爐子上煮水的水壺。水快開了，強大的水汽直往上冒。儘管壺蓋緊緊地蓋著，但還是顫顫巍巍地動了起來。水汽越來越多，越來越強，先是從蓋的邊緣往外冒，接著是集

中力量把壺蓋往上頂。一下，兩下……

終於，強大的蒸汽把壺蓋頂起，直衝向爐子上方。

「詹姆士，我從來沒看過你這樣的孩子。半個小時過去了，你一言不發，一下子把水壺蓋蓋上，一下子又取下，你就不能去看看書，或者做些有意義的事情嗎？」孩子的姑媽責備地說。

姑媽當然不可能想到，這個叫詹姆士‧瓦特的孩子今後做的最有意義的事情，就是從看這水壺的蒸汽開始的。

正是因為小瓦特從小愛思考，長大後，經過無數次的實驗，他發明了蒸汽機，推動了科學的進程。

生活中很多細節往往被我們「不小心」忽略了，正因為這樣的「忽略」，所以，很多真理依然沒有被發現。做個愛思考、多動腦的孩子吧！真理的殿堂正對我們敞開著大門呢！

不動手爬不上梯子

有些孩子愛動腦，但動手能力差，而另一些孩子恰恰相反，只要別人叫他做什麼，他就馬上動手，缺乏思考，這兩種情況都是不好的，要引導孩子既要動手又要動腦，不妨給他講講〈不動手爬不上梯子〉的故事：

有人問蘇格拉底：「你成為這麼有名的思想家，成功的關鍵是什麼？」

「多思多想。」蘇格拉底回答。

這個人受到「啟發」，回去躺在床上，望著天花板，一動也不動，開始了「多思多想」。

一個月後，那人的妹妹來找蘇格拉底，她對蘇格拉底說，求你去見我哥哥一面吧！他從你這裡回去後，就像著了魔一樣。

蘇格拉底到了那人的家中，只見那人變得骨瘦如柴，拚命掙扎著爬起來，他對蘇格拉底說：「我每天除了吃飯，一直都在思考，你看我離偉大

的思想家還有多遠？」

蘇格拉底問：「你整天思考卻不做事，那你都想了些什麼呢？」

那人道：「想的東西太多，頭腦裡都裝不下了。」

蘇格拉底笑了：「我看你除了腦袋上長滿頭髮，收穫的全是垃圾。」

那人驚異地問：「我想的這麼辛苦，為什麼全是垃圾呢？」

「只想不做的人只能產生思想垃圾。」蘇格拉底說道，「成功是一把梯子，雙手插在口袋裡的人當然是爬不上去的。」

這個小故事證明了行動比思想更具有力量。一個人能否成功的關鍵，不在於想像得多麼完美，而是在於是否願意採取明確的行動。想和做只有結合起來才能產生作用。一個人只思考，不動手，他想破腦袋都不可能成功。而一個人光做事情不思考，也一定不能把事情做好！

澡盆裡的沉思者

阿基米德是個非常有智慧的人，但他同樣也會遇到難題。那麼，他遇到了什麼難題，最後解決了沒有呢？是用什麼方法解決的？讓我們一起來聽聽這個故事：

有一次，國王叫一個工匠替他打造一頂金皇冠。國王給了工匠他所需要的黃金。工匠的手藝非常高明，製作的皇冠精巧別緻，而且重量跟當初國王所給的黃金一樣重。可是，有人向國王報告說：「工匠製造皇冠時，私下吞沒了一部分黃金，把同樣重的銀子摻了進去。」

國王聽後，也懷疑起來，就把阿基米德找來，要他想辦法測定金皇冠裡是否摻有其他金屬物質。

這可把阿基米德難住了。他回到家裡冥思苦想了好久，也沒有想出辦法，這件事情折磨得他每天吃不下飯，睡不好覺，他也不洗澡，像著了魔一樣。

有一天，國王派人來催他進宮彙報。妻子看他太髒了，就逼他去洗澡。

阿基米德泡在浴盆裡邊洗邊想著秤量皇冠的難題。突然，他發現，因為他的身體下沉，水太滿了，就從浴盆邊溢了出來。

阿基米德恍然大悟，他立刻跳出浴盆，忘了穿衣服，就跑到大街上去了。一邊跑，一邊歡呼：「我想出來了，我想出了解決皇冠的辦法，找到啦！」街上的行人紛紛笑了起來，都以為他是一個瘋子。

阿基米德進皇宮後，對國王說：「請允許我先做一個實驗，才能把結果報告給你。」

國王同意了。阿基米德將與皇冠一樣重的一塊金子、一塊銀子和皇冠，分別一一放在水盆裡，看到金塊排出的水量比銀塊排出的水量少，而皇冠排出的水量比金塊排出的水量多。

阿基米德對國王說：「國王，你的皇冠裡確實摻了銀子！一公斤的木頭和一公斤的鐵比較，木頭的體積大。如果分別把它們放入水中，體積大的木頭排出的水量，比體積小的鐵排出的水量多。我把這個道理用在金子、銀子和皇冠上，金子的密度大，而銀子的密度小，因此同樣重的金子和銀子，銀子的體積大於金子的體積。所以同樣重的金塊和銀塊放入水中，金塊排出的水量就比銀塊的水量少。剛才的實驗表明，皇冠排出的水量比金塊多，說明皇冠的密度比金塊的密度小，這就證明皇冠不是用純金製造的。」

聽完阿基米德的講解，國王高興地讚美道：「你果然是個聰明的人！」事後，國王獎賞了阿基米德，還把那個貪汙的工匠抓了起來！

看了這個故事，你一定很佩服阿基米德吧？他是一個多麼聰明的人呀！實際上，阿基米德的聰明正是建立在他愛動腦筋的基礎上的。如果，他不愛動腦筋，不能將自己以往所掌握的知識與事物連繫起來，是不可能得到答案的。所以，動腦筋解決問題是多麼重要呀！

▊ 給家長的悄悄話

　　現在的獨生子女普遍存在依賴性比較強的弱點，這不僅表現在生活方面，也表現在學習方面，他們僅僅滿足於別人怎麼講，給他什麼答案，而不是、自己思考，然後得到答案。教育專家認為，造成這些現象的原因有幾個方面：

- **跟孩子的生活作風有關係，懶惰是他們不愛動腦的誘因**：有些孩子從小養成茶來伸手，飯來張口的習慣，上學以後，習慣家長陪讀，學習時懶得思考，遇到問題總希望父母給自己解出答案。如此懶散的態度，怎麼可能激發動腦思考的欲望呢？

- **知識缺乏**：因為缺乏相關的知識，孩子並不懂得該如何下手思考問題，於是腦中就有很多的「未知」但沒有「求解」的習慣和願望。久了，就養成了一種思維慣性。

- **家長「幫扶」過度，造成孩子不愛思考**：孩子在學校遇到一點點小問題，就想求助於別人，這時候，很多家長往往怕讓孩子思考太費事，就索性替代孩子思考了。更有甚者，一些家長在孩子遇到問題不會的時候，索性就幫孩子自己把答案寫了。

- **孩子自身貪玩，怕思考**：思考是需要時間和精力的，有一些貪玩的孩子，心裡老想著精彩的動畫片、激動人心的遊戲，他是沒有心情花時間思考的。遇到問題，不是丟在那裡不管，就是叫父母代勞。

　　針對孩子的這些問題，專家們提出了相關的辦法，對待那些不愛動腦的孩子，家長需要想方設法激發他們的熱情。其中，「激將」法最管用，培養孩子動腦思考的能力，需要有個「激」的過程。那麼，身為家長，應該如何激發孩子動腦的熱情呢？這裡有個例子可以給我們一些啟發：

袁帥在二○○七年七月十日，被耶魯大學以每年五萬一千美元的全額獎學金提前錄取。袁帥能有如此突出的成績，與他的家庭教育是密不可分的。

袁帥就讀小學二年級的時候，爸爸袁光明曾帶著他去和老同學吃飯。席間，爸爸有心鍛鍊兒子解決問題的能力，他對兒子說：「今天爸爸請叔叔們吃飯，叔叔們喜歡喝啤酒，但爸爸把飯錢付完以後，只剩一百元了，啤酒十元一罐，你覺得爸爸可以替叔叔們買幾罐？」袁帥不假思索地回答道：「十罐吧！」喝完十罐啤酒，爸爸裝出為難的樣子：「唉，叔叔們還沒喝夠，還想要兩罐，怎麼辦？」袁帥搖搖頭：「沒錢就別喝了，沒辦法！」

看到兒子懶於動腦的樣子，袁光明用了激將法：「不動腦筋的人永遠都沒有辦法，我就有辦法。你看，櫃檯上寫著，回收啤酒罐，五個十元。我把這些喝完的罐子賣了，不就又可以買兩罐啤酒了？」一起吃飯的叔叔們聽完都笑了起來。

一席話「激」得袁帥直搖頭：「這種算術，我也會。」爸爸趁機教育兒子：「其實比這更難的你都會算，但你沒用心去思考。」

就這樣，在爸爸的「激將教育」下，袁帥漸漸養成了凡事勤於動腦、勇於競爭的習慣。

那麼，家長應該怎樣培養孩子勤於動腦的習慣呢？

◆ **培養孩子獨立思考的習慣**：低年級的孩子總有問不完的問題，而且喜歡打破沙鍋問到底。有些家長為了省事，直接把答案告訴孩子。這樣的確能馬上「打發」他們，但從長遠來說，對發展孩子的智力沒有好處。因為家長經常這樣做，孩子必然依賴家長，而不會自己去尋找答案，不可能養成獨立思考的習慣。因此，當孩子提出問題時，應該啟

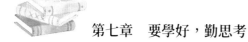

發孩子，提醒他們運用學過的知識、看過的書、查找到的資料等去尋找答案。當孩子自己得出答案時，他們會充滿成就感，也會更加願意自己動腦。

◆ **讓孩子經常處在問題情境之中**：如果孩子不愛提問題，家長應該主動「創造」一些問題去考他，或者放下架子向孩子「請教」一些問題，還可以在家庭遇到一些疑難問題時去和孩子商量。這些做法，可以促使孩子主動思考。

◆ **跟孩子一起收集動腦筋的故事和資料**：動腦筋的故事和資料很多，家長可以和孩子一起收集，整理好放在家裡。閒置時間，大家可以翻閱這些資料，討論感興趣的問題。

◆ **舉辦家庭智力競賽**：利用節假日進行，家長和孩子輪流做主持人，準備小獎品或其他獎勵。為了強化氣氛，可以請親友或其他小朋友參加，這樣既可以令家庭充滿溫馨，也可以讓孩子在遊戲中體會到勤於動腦的樂趣。

總之，為了培養孩子勤於動腦的習慣，家長要經常創造動腦筋的氛圍，鼓勵孩子多想、多問、多實踐，這樣，才能更好地開發孩子的智力。

教子加油站：讓孩子了解愛動腦筋的好處

由於孩子年齡所限，對動腦筋的好處還無法完全理解，因此要從教材入手，透過對故事的分析讓孩子提高興趣。

要注意結合孩子的思想實際和行為實際，透過孩子的親身感受和正反事例的比較，讓孩子了解勤於動腦的好處和學習時不動腦筋的害處。

第八章
做個開心的「小問號」

　　有人說：「好問是求知，是探索，是思考的花園裡開出的花，是智慧的夜幕中閃著的光。」疑問更是開啟成功之門的鑰匙，遇事總問個為什麼，有助於培養孩子積極動腦的習慣，勤問為什麼能幫助孩子建立起對事物的濃厚興趣，只有對某種事物有興趣，孩子才有可能在這一個領域裡有所建樹，獲取成功。鼓勵孩子提問，培養孩子多問的習慣，是開發孩子智力的最佳方法。

▌尊重孩子的好奇心

一位人才學家曾經說過這樣的話：「凡是為人類貢獻過創造之果的人，他們渾身上下的口袋裡裝的都是問題。」在日常生活中，我發現孩子的問題看起來荒誕不經，但是卻總能從他們提問時的眼神中看到他們所提出的問題是不容忽視的，更是不可嘲弄的。

兒童期是孩子問題最多的時期，特別是幼兒時期，我們稱之為「提問期」。這一時期的孩子什麼都要問，而且還有打破砂鍋問到底的勢頭，經常使成人難以招架。他們的小腦袋裡不停地冒出「怎麼」、「什麼」、「為什麼」，聽完故事他們總是問講故事時用到的詞語是什麼意思。如：什麼叫羨慕？什麼叫打草驚蛇？

孩子的提問是一種借助成人的力量對周圍環境進行探究的行為，是孩子求知的萌芽。他們透過提問來理解事物以及事物之間的相互關係，並從中獲得思維的方法，提高觀察能力。孩子的提問過程通常隱含著極強烈的探索精神。身為家長，應該認真傾聽他們的提問，耐心地用通俗易懂的語言給孩子解釋，引導孩子閱讀適合幼兒看的《十萬個為什麼》等，多帶孩子到大自然中去，讓孩子對一些物理現象有感性的理解。如果孩子沒有問題，家長還要主動給孩子講，不要以為孩子小、聽不懂，其實在他們似懂非懂的時候，也能了解許多知識。孩子們的大腦是非常活躍的，家長們不能忽略從小對孩子的教育。

心理學關於思維的描述有這樣一段話：發現問題是思維活動中最重要的環節。沒有問題的思維是膚淺的、被動的。當個體感到需要問為什麼、是什麼、怎麼辦時，思維才算真正發動，否則，思維就難以展開和深入。愛提問題的孩子，求知欲是旺盛的，是思維形成的表現，只有在不斷提出問題，解決問題的過程中才能發展孩子的創造能力。

多問「為什麼」，並不斷地求解，可以豐富孩子的知識，更可以提高他們的智慧。

多問「為什麼」，還能提高孩子的理解能力，在求索的過程中，孩子的熱情被充分激發了起來，思維也能得到很好的開發。

多問「為什麼」，還能培養孩子的創新思維。孩子能從問的角度思考，得出他自己的結論。這對孩子的發展無疑有很大的幫助。

多問「為什麼」，能培養孩子的自學能力。讓孩子從學習中獲取自己需要的答案，既培養了孩子的主動性和積極性，又讓孩子了解到獲取知識的手段。

> **小提醒：父母需知，好奇是孩子的天性**
>
> 1. 孩子想了解周圍的一切，渴望從大人那裡得到答案 有些問題，在父母看來是幼稚可笑的，但對於孩子來講卻是神祕而好奇的。所以，耐心地回答孩子的「為什麼」很重要，這將保護孩子天真的「好奇心」
> 2. 繽紛新奇的世界給孩子以新鮮的刺激，正因為無知所以才求知。這也是值得所有大人學習的地方。大人有時候怕別人知道自己無知，所以不敢問為什麼。

▍講個「天空為什麼是藍色」的故事

隨著年齡的增長，因為虛榮心作祟，孩子開始隱藏起自己的「為什麼」來，他們不想因為自己的「無知」而遭到別人的嘲笑。對於這種自尊心很強的孩子，家長不妨給他講個〈天空為什麼是藍色〉的故事：

晴朗的日子裡，當你仰望天空時，就會發現天空是藍色的。天空為什麼是藍色的呢？

　　西元一九二一年，碧波萬頃的地中海。印度科學家拉曼（Sir Chandrasekhara Venkata Raman）在英國皇家學會上作了聲學與光學的研究報告，取道地中海乘船回國。陽光融融、暖風徐徐，深藍色的海面上躍動著鱗片狀耀眼的光斑。甲板上漫步的人群中，一對印度母子的對話引起了拉曼的注意。

　　「媽媽，這個大海叫什麼名字？」

　　「地中海！」

　　「為什麼叫地中海？」

　　「因為它夾在歐亞大陸和非洲大陸之間。」

　　「那它為什麼是藍色的？」

　　年輕的母親一時語塞，求助的目光正好遇上了在一旁饒有興味傾聽他們談話的拉曼。拉曼告訴男孩：「海水所以呈藍色，是因為它反射了天空的顏色。」

　　在此之前，幾乎所有的人都認可這一解釋。它出自英國物理學家瑞利勳爵。這位以發現惰性氣體而聞名於世的大科學家，曾用太陽光被大氣分子散射的理論解釋過天空的顏色。並由此推斷，海水的藍色是反射了天空的顏色所致。但不知為什麼，在告別了那一對母子之後，拉曼總對自己的解釋心存疑惑，那充滿好奇心的稚童，那雙求知若渴的大眼睛，那些源源不斷湧現出來的「為什麼」，使拉曼深感愧疚。身為一名訓練有素的科學家，他發現自己在不知不覺中喪失了男孩那種到所有的「已知」中去追求「未知」的好奇心！

　　失去好奇心是科學發現與發展中最大的忌諱，即使是一個頗有作為的

科學家，也會因此而變得閉目塞聽、止步不前。

回到加爾各答後，他立即著手研究海水為什麼是藍色的，很快，拉曼發現瑞利的解釋實驗證據不足，令人難以信服，決心重新進行研究。他從光線散射與水分子相互作用入手，運用愛因斯坦等人的漲落理論，獲得了光線穿過淨水、冰塊及其他材料時散射現象的充分資料，證明出水分子對光線的散射使海水顯出藍色的機理，與大氣分子散射太陽光而使天空呈現藍色的機理完全相同。進而又在固體、液體和氣體中，分別發現了一種普遍存在的光散射效應，被人們統稱為「拉曼效應」，為西元一九〇〇年代初科學界最終接受光的粒子性學說提供了有力的證據。

西元一九三〇年，地中海輪船上那個男孩的問題，最終把拉曼領上了諾貝爾物理學獎的獎臺，成為印度也是亞洲歷史上第一個獲得此項殊榮的科學家。那個有著無窮問題的男孩與他的母親在地中海上經歷的故事，不斷地提醒人們：永遠不要放棄你對「已知」的好奇心，也許新的發現就在你「已知」的「未知」之中。

孩子，不知道就是不知道，不懂裝懂的人是可恥的。你看，連科學家都有不知道的時候，不是嗎？所以，多問為什麼，並且去解答自己提出的問題，才能逐步走向成功。

備選故事任你挑

蘇格拉底收徒

有一個年輕人，非常想做古希臘大哲學家蘇格拉底的學生。於是，他風塵僕僕地趕往蘇格拉底的住所，要求蘇格拉底收他為徒。

蘇格拉底對這位年輕人說：「想做我的學生，請先跟我跳到河水裡去。」

年輕人心裡納悶但又不敢問，於是便順從地跳進河水中。接著，蘇格拉底也跳進河中，上去就抱住年輕人的頭用力往水裡按，年輕人還不明白怎麼回事就連灌了幾口河水。這時蘇格拉底又猛地騎在年輕人的脖子上，繼續不停地往下按，年輕人喝了一肚子的水。再喝下去怕就沒命了，他顧不得收徒之事，猛地把蘇格拉底掀下水。爬上岸去，氣呼呼地問：「你為什麼這樣做，難道想淹死我嗎？」

蘇格拉底說：「好，好，終於敢問為什麼了，我收的學生就是敢問為什麼的人。一個不敢問為什麼的人怎麼可能獲得真正的知識呢？」

大師用他的行動告訴我們，問「為什麼」的重要性。因為敢問，敢對他人所做的事情不滿，才能夠去尋求答案。

學習也是一樣的道理。在學習過程中，我們提出的「問什麼」越多，我們的收穫就會越多。一個人對別人所做的任何事情都沒有自己的疑問，那他怎麼可能獲得成功呢？

愛提問題的詹姆士‧克拉克‧馬克士威（James Clerk Maxwell）

如果你的孩子不愛提問題，家長就需要引導孩子「問」的習慣，只有如此，孩子學習的積極性與能動性才會更強。馬克士威的例子，就是最好的典範：

馬克士威從小就有很強的求知欲和想像力，愛思考，好提問。據說還在他兩歲多的時候，有一次爸爸帶他上街，看見一輛馬車停在路旁，他就問：「爸爸，馬車為什麼不走呢？」

父親說：「它在休息。」

馬克士威又問：「它為什麼要休息呢？」

父親隨口說了一句：「大概是累了吧？」

「不，」馬克士威認真地說，「它是肚子痛！」

　　還有一次，姨媽給馬克士威帶來一籃蘋果，他不斷追問：「蘋果為什麼是紅的？」阿姨不知道怎麼回答，就叫他去玩吹泡泡。誰知他吹泡泡的時候，看到泡泡上五彩繽紛的顏色，提的問題反而更多了。

　　上中學的時候，他還提過像「死甲蟲為什麼不導電」、「活貓和活狗摩擦會生電嗎」等問題。，父親很早就教馬克士威學幾何和代數。上中學以後，課本上的數學知識馬克士威差不多都會了，因此父親經常給他出難題，讓他帶一些到學校裡去做。

　　每當同學們興高采烈地玩耍的時候，馬克士威卻進入了他的數學樂園，他常常一個人躲在教室的角落裡，或者獨自坐在樹陰下，入迷地思考和演算數學難題。

　　馬克士威後來成了一名物理學家，主要從事電磁理論、分子物理學、統計物理學、光學、力學、彈性理論方面的研究。尤其是他建立的電磁場理論，將電學、磁學、光學加總起來，是西元一八〇〇年代物理學發展的最光輝的成果，是科學史上最偉大的綜合理論之一。

　　愛提問是所有科學家們共同的特點，正是因為他們有很多不明白的地方，所以他們才不斷地求解，直到把問題解決為止。在學習、生活乃至在今後的工作過程中，我們也應該有不斷提出「為什麼」並且一個個去解決突破的習慣，只有這樣，我們才能夠體驗到學習的更多樂趣。一個光讀書，不提問的孩子，是不會成功的。

水渦為什麼是逆時針旋轉的

　　引導孩子學會觀察，不要忽略生活中看似微小的問題，只要心中有問題，有想法，就應該馬上去尋求答案，這樣可能會獲得意想不到的收穫。

　　排放浴缸裡的水時，水會形成逆時針方向的渦流，從排放口流出去。這原本是一個很平常的問題，一個如此微小的問題一般是不會引起別人注

意的。但是，美國麻省理工學院機械工程學系的系主任謝皮羅教授卻敏銳地注意到了！這到底是為什麼呢？

謝皮羅緊緊抓住這個問號不放，他設計了一個碟形容器，裡面灌滿水，每當拔掉碟底的塞子，碟裡的水也總是形成逆時針旋轉的漩渦，這證明放洗澡水時漩渦朝左並非偶然，而是一種有規律的現象。

經過不斷的研究、證明，西元一九六二年，謝皮羅發表論文，他認為水漩渦與地球自轉有關，如果地球停止自轉的話，拔掉澡盆的塞子，水不會產生漩渦。由於地球是自西向東不停地旋轉，而美國又處於北半球，所以洗澡水總時逆時針方向旋轉，謝皮羅由此推導出：北半球的颱風同樣是朝逆時針方向旋轉的，其道理與洗澡水的游渦是一樣的，他斷言：如果在南半球，則恰好相反，洗澡水將會按順時針形成漩渦，在赤道則不會形成漩渦。

謝皮羅的論文發表後，引起各國科學家的莫大興趣，紛紛在各地進行試驗，結果證明謝皮羅的論斷完全正確。以後，這一現象被命名為謝皮羅現象。

物體處於低緯度時，隨地球轉動具有的自西向東的線速度比較大。當物體由低緯度向高緯度運動時，仍然會保持低緯度的線速度。這個慣性就使物體向東偏。在北半球，浴缸裡北邊的水線速度比南邊的大，就會形成旋渦，向東的慣性就會使水形成左螺旋，也就是逆時針，南半球恰好相反。颱風、龍捲風在北半球逆時針旋轉，在南半球順時針旋轉，同理，北半球由南向北流的河，總是東岸被水侵蝕得比較厲害。這些都是謝皮羅現象。

生活中一些看似很平常的問題，可能就孕育著很多的科學道理，遇到問題多問為什麼，能啟發你的思維，更能讓你成為一個與眾不同的孩子！

▍給家長的悄悄話

　　幼小的兒童不知道什麼是自由言論，但他們卻天生就有自由的嘴巴。他們有時候會問出一些令父母、成人臉紅或不好意思回答的「為什麼」。大人會說：「小孩子不懂。」或者不耐煩回答孩子的問題，就說：「去，去，怎麼問題這麼多呢？沒看見我正在忙嗎？」家長的這些言語，對孩子的自尊心、好奇心而言都是一種傷害。可能導致孩子自卑、不敢問問題、不敢發表自己的看法等問題。

　　要保護孩子的「好奇心」，維護孩子的尊嚴感，給孩子「提問」的勇氣，家長要做到：

- ◆ 鼓勵孩子從小勇於觀察和探索，而不過早給孩子定向，更不要以自己的喜好扭曲孩子的興趣和願望。
- ◆ 不厭其煩地解答孩子的各種提問，並創造條件促使其更好地理解。
- ◆ 經常用適當的名人故事激勵孩子。在小孩子的心裡裝進一些傑出人物的故事，也許會成為激勵其一生奮鬥的神奇力量。

鼓勵孩子提問

　　孩子從出生開始就對這個世界充滿了好奇，當他們開始向你問問題的時候，說明孩子已經在用自己的眼睛觀察這個世界，在用自己的大腦思考問題了。這時，家長千萬不能打消孩子的積極性，應該耐心地去回答孩子的問題。以下是一位年輕母親的教子案例，值得我們家長效仿。

　　我記得我家的小翼剛開始說話的時候，說得最多的就是問題：這是什麼？那是什麼？我總是耐心地告訴他。

　　他不停地問，我不停地回答。只要是我們在一起，總是有說不完的話。

小翼快兩歲的時候，有一天，我驚喜地發現：小翼在問完「這是什麼」後，緊接著就問「為什麼這樣啊？」哦，原來孩子開始思考問題了，我為孩子的思維成長感到高興。

　　每次小翼問「為什麼這樣」的時候，我總是在自己的大腦裡搜尋著答案，如果實在是搜尋不到，我就會說：「媽媽也不知道，讓我們來查查書吧！」然後我們就會一起去查找有關書籍。

　　每次和小翼在一起玩遊戲、講故事、外出時，我都會抓住恰當的時間問孩子「為什麼這樣？」孩子剛開始總是答不出來，我就會幫他回答，然後問「是不是這樣？」孩子通常並不急著說是，他會擺出一副沉思的樣子，然後說「是吧！應該是這樣」。如果孩子能回答出我的問題，我就馬上表揚他，告訴他：「你真的太棒了！」

　　經過一段時間的培養，孩子的提問能力更強了，他不斷懂得了問問題，還能思考、分析問題。

　　以上的案例用生動的生活實例告訴我們：讓孩子多問為什麼，經常問孩子為什麼，可以擴大孩子視野、活躍思維、培養他們的創造性。如果你能鼓勵你的孩子學會提問，那麼，你的孩子一定會變得日益聰明起來。

相信你的孩子，就是對他最大的鼓勵

　　愛迪生在小時候就充滿好奇心，喜歡問東問西。與別的孩子不同的是，小愛迪生好奇心更強烈，並且有付諸實驗的本能，以及過人的精力和創造精神。他學說話好像就是為了問問題似的。他提出的一些問題雖然不重要，但不容易回答。由於他問的問題太多，家中的多數成員甚至都不想回答。但是，他的母親總是試圖幫助他。

　　一次他問父親：「為什麼颱風？」爸爸沒有辦法回答，就說：「我不知道」。

小愛迪生又問：「你為什麼不知道？」

小愛迪生不但好奇愛問，而且什麼事都想親自嘗試。

有一次，吃飯的時候，仍不見愛迪生回來，父母親很焦急，四下尋找，直到傍晚才在場院邊的草棚裡發現了他。父親見他一動不動地趴在放了好幾顆雞蛋的草堆裡，就非常奇怪地問：「你在做什麼？」小愛迪生不慌不忙地回答：「我在孵小雞呀！」原來，他看到母雞會孵小雞，覺得很奇怪，想自己也試試。當時，父親又好氣又好笑地將他拉起來，告訴他，人是孵不出小雞來的。在回家的路上，他還迷惑不解地問：「為什麼母雞能孵小雞，我就不能呢？」

由於追根究底的個性，小愛迪生對於課業上的問題非常執著，一個問題未獲解答，他就不會繼續做下道題目。因此，不了解他個性的老師，便把他當做一位「遲鈍」的學生。在學校，愛問問題的愛迪生經常讓老師很惱火，因此老師經常罵他，甚至打他。

愛迪生非常不開心，成績總是沒有進步。老師把愛迪生的媽媽找來，當面數落她的兒子：「他腦子太笨了，成績差得一塌糊塗，總是愛問一些不切實際的問題。我們教不好你這樣的兒子。」愛迪生的媽媽聽了，覺得是老師不了解兒子，問題多是因為孩子愛思考，好奇心強，求知欲旺盛。她相信兒子的智力沒有問題，而且比別人的孩子還要聰明很多。於是，她毅然對老師說：「既然這樣，我就把兒子帶回家吧！我自己來教他。」

從此，愛迪生的母親就當起兒子的家庭教師。對於兒子的稀奇古怪的問題，只要她知道的，她就努力回答；不知道的，她就讓兒子去看書找答案。當她發現兒子對物理、化學很感興趣後，就給兒子買了《派克科學讀本》，還勸丈夫把家裡的小閣樓改造成兒子的小小實驗室。

就這樣，在這個不怕被問「為什麼」的母親的教育下，愛迪生雖然沒

有在學校讀過幾年書，卻成就了許多偉大的發明，為人類社會的發展作出了極大的貢獻。

生活中，像愛迪生一樣喜歡問問題的孩子其實有很多，他們的小腦瓜總是裝滿了「為什麼」，許多人都習慣對孩子那些異想天開、稀奇古怪的問題不加理會，或者輕易否定。愛迪生的媽媽卻認真地對待，細心地回答孩子的每一個問題，這對培養孩子的想像能力、思維能力有很大幫助，使孩子強烈的求知欲望和好奇心不至於泯滅，從小就能養成勤於思考、勇於探索的習慣。愛迪生一生的成就就是對此非常好的佐證。

當你遇到「為什麼只有晚上才能看到星星？」、「為什麼地球是球型而不是個正方體？」這樣的問題時，不要頭痛，更不要厭煩，多一點耐心，認真傾聽，甚至鼓勵孩子多問問題，說不定你也能培養出一個發明家、科學家。

一個孩子愛問問題，說明他是一個充滿好奇而又不斷探索思考的孩子。家長應該鼓勵孩子多問，對於孩子的問題，不管是學習上的還是生活中的，不要不耐煩，而應該積極配合解答。家長也應該多問孩子一些問題，讓孩子去思考、去解決，讓孩子體驗到解決問題的愉悅。

教子加油站：家長應注意的

1. 不必有問必答，但在自己不會的時候，不要敷衍孩子，給孩子錯誤的答案。
2. 不要輕易說「我不知道」。耐心回答孩子，會讓孩子有被尊重的感覺，如果真的不知道，就跟孩予一起去書上找答案。

家長們一定要記住，任何人在學習過程中，重要的不是能否得到正確答案，關鍵是要保持一種懷疑的精神，保持強烈的好奇心。唯有好奇，才有興趣，才有熱情，也才能有突破。

第八章　做個開心的「小問號」

第九章
培養孩子大膽質疑的精神

在當今社會中，一個孩子如果從小就只會人云亦云，別人說什麼是什麼，缺乏獨立思考、大膽質疑的能力，那麼這個孩子長大以後一定不會有大的作為。相反，一個懂得質疑問難，求索創新的孩子，他的智慧之樹必然能開出豔麗的花，結出豐碩的果。有質疑，孩子才能進步，敢質疑，孩子才能獲得真理，才能得到發展！

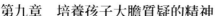

▌質疑見真諦

　　孟子認為「盡信書不如無書」；某位地質學家也曾對他的學生說：「不懷疑就不能見真理。」讀書如果不疑，不可能有什麼成就，甚至還可能沒有什麼新鮮感。因此，作為家長，我們應該鼓勵孩子大膽質疑。

　　疑是深思的結果。愛因斯坦說：「提出一個問題比解決一個問題更重要。」如果沒有深入的思考，沒有潛心的研究，是很難發現問題的。孩子在學習中無疑可問，這與他們沒深入思考是密切相關的。疑問的產生是與深入思考相連繫的，能思則能疑，思得越深，提出的問題就越多，越有深度；相反，不思考，當然也就無所謂疑了。

　　疑是追求新知識的起點。有了疑問，孩子的思維並沒有結束，相反，懷疑意味著思維獲得新的起點。新知識的獲得，總是從疑開始，透過步步釋疑，獲得新知。這和人類文明進步一樣，科學家們若沒有對自然事物的好奇心理，沒有「疑」，是不可能誕生新科學的，人類的文明進步當然也是不可能的。如果有疑而不問，思維的鏈條就會斷裂，獲得新知的途徑就會被切斷。因此，疑能促進問，問能獲得知，疑是獲得新知的起點。

　　疑是創新的動力。在學習過程中，透過質疑，能使學生擺脫書本的束縛，發現前人認知上的不足，提出自己獨到的見解而不人云亦云，隨波逐流。尤其是在科技迅猛發展的今天，鼓勵孩子大膽質疑，對於培養孩子的創新意識，培養創造型人才尤其重要。因循守舊、墨守成規是永遠無法超越前人的，不敢質疑是難以創新的。

　　疑是學習的鑰匙，是讀書求知的起點，是增長智慧的階梯，是創新思維的啟蒙。如果我們的孩子能夠做到不唯書、不唯師，敢於對書本知識和老師的觀點進行質疑。那麼，他就一定能夠成為適應社會發展變革的時代新人。

小提醒：你的孩子會質疑嗎？

1. 是否有自己的觀點？如果你的孩子善於發表自己的看法、觀點，那麼你放心好了，你的孩子一定也富有質疑精神。

2. 是否能主動求解？主動去懷疑問題，解決問題是有質疑精神的人的共性，如果孩子敢懷疑，但是缺乏主動性，家長要多鼓勵他。

3. 會反駁你的意見嗎？有些家長認為孩子反駁自己表示他不聽話，自己的權威受到了威脅，其實不然，如果孩子的觀點是正確的，為什麼家長不能虛心接受呢？如果你不能接受孩子的觀點，又怎麼能讓孩子敢於向權成質疑呢？

從「蜜蜂靠什麼發聲」談起

很多孩子為了討好老師，做個乖乖孩子，只要老師說的，就認為是正確的，只要是書本說的，就認為是找到了問題的依據。大膽質疑，對我們的孩子來說，太難了。事實上，學會質疑是創新的開始。為了讓孩子學會大膽質疑，讓他們聽聽〈蜜蜂靠什麼發聲〉的故事：

這一天，一個十一歲的小女孩來到養蜂場玩，發現許多蜜蜂聚集在蜂箱上，翅膀沒有扇動，卻仍然嗡嗡地叫個不停。想起教科書上和《十萬個為什麼》上關於蜜蜂等昆蟲發聲的原理，她不由得產生了懷疑：為什麼書上說蜜蜂的嗡嗡聲來自翅膀的震動，每秒達兩百次，如果翅膀停止振動，聲音也就停止了。但現在蜜蜂的翅膀已經停止振動卻仍然嗡嗡叫個不停，這聲音到底是從哪裡來的呢？她問老師，老師說書上說的怎麼會錯呢？

於是她把蜜蜂的雙翅用膠水黏在木板上，蜜蜂仍然發出聲音。她乾脆用剪刀剪去它的雙翅，蜜蜂仍然嗡嗡叫。兩種方法交替進行了四十二次，每次用去四十八隻蜜蜂，結果和教科書的結論大相徑庭。為了探求蜜蜂發聲的祕密，她把蜜蜂黏在木板上，用放大鏡仔細查找，觀察了一個月，終於在蜜蜂的雙翅的根部發現了兩粒比油菜籽還小的黑點，蜜蜂鳴叫時，小黑點上下鼓動。她用大頭針捅破小黑點，蜜蜂就不發聲了。她又找來一些蜜蜂，不損傷雙翅，只刺破小黑點，結果蜜蜂飛來飛去，居然沒發出一點聲音……

一年以後，這個十二歲的小女孩撰寫了一篇科學論文《蜜蜂不是靠翅膀振動發聲》，並在科技創新大賽上榮獲獎項。

如果這位小女孩沒有自己的主見，沒有堅持自己的懷疑，堅持從實踐中尋求答案，是不可能有這樣的發現的。一個善於懷疑，而且能堅持自己的信念的人，他一定能獲得成功。

▎備選故事任你挑

養在瓶子裡的鵝

有一位老師看到一個問題：有一隻鵝，在很小的時候就被主人放到一個大肚長頸的瓶子中養著。鵝的身軀窩在瓶子的肚子裡，脖子剛好能伸到瓶口之外。每天，主人都不忘來餵這隻鵝。鵝呢，在瓶子裡養尊處優，很快就長大了。當鵝的身子膨脹到不能再經由瓶口從瓶子裡被拿出來的時候，用什麼樣的辦法可以在既不損壞瓶子又不弄傷鵝的前提下把鵝與瓶子分離呢？

這位老師拿這個問題去問學校裡剛剛升高中一年級的新生。

有的學生說：「這個瓶子沒有底，把鵝從『後門』抽出來就行了。」

老師說：「這個瓶子有底。」

有的學生說：「這是一隻充氣的塑膠鵝，放了氣，鵝就能被抽出來了。」

老師說：「這不是一隻塑膠鵝，而是一隻『白毛浮綠水，紅掌撥清波』的真鵝。」

還有的孩子說：「瓶口有機關吧？鵝的身體通過時瓶口就能被撐大。」

老師回答說：「瓶口絕對小於鵝的身體，並且，瓶口並沒有安裝鬆緊帶。」

這時，學生們都緘口了。

這時，老師問道：「同學們，你們誰家用這種方式養過鵝？或者說，你們誰見過、聽說過用這樣的方式養鵝的呢？」

有人搖頭。

有人小聲嘀咕道：「是啊！好好的一隻鵝，為什麼把牠塞進瓶子裡去養呀？」

老師笑了起來：「問得好！其實，這個問題本身就是一個虛假問題，它根本就是不能成立的，換句話說，這個問題沒有任何價值！因為虛假，因為沒有價值，所以，它就不值得我們為之苦苦尋求答案。同學們，我很為你們遺憾，因為面對著這樣一個虛假問題，你們卻不會質疑，只顧悶著頭去尋找那所謂的『正確答案』。長這麼大，你們一直在和問題周旋，你們與各學科拋給你們的問題角力。你們喜歡被肯定，害怕自己苦心尋到的那個答案偏離了正確的軌道。現在，你們已經是一名高中生了，我要提醒你們的是，你們一定要提防類似『瓶子養鵝』這樣毫無意義的問題，要大膽地質疑，清醒地反思，別讓錯誤的問題羈絆住你們的手腳；另外，我還要告誡你們，不要對所謂『腦筋急轉彎』類的問題上癮，要知道，這個世

界上絕大多數問題都不是可以靠著你一個討巧的『轉彎』就可以得到解答的，記著，跟淺薄決裂，這是你思想走向成熟的一個重要標幟。」

學生們聽了，都若有所思地點了點頭。

孩子，這位老師說的，也正是我想告訴你的，很多時候，很多問題本身就是一個陷阱。我們要善於發現這個「錯誤」，不要對著本來就「錯誤」的問題尋求不存在的答案，這樣是學不到真知識的。多發現生活中的「謬誤」，我們才能最終找到真理！

「零分」是怎麼來的

惠特森先生是六年級的自然老師。記得第一天上課，他為我們講授的是一種名叫「長翼飛貓」的動物。他說這種動物通常在夜間活動，因為不能適應環境的變遷，所以在冰河時期便滅絕了。他一面侃侃而談，一面讓我們傳看一個顱骨。我們全都認真地做了筆記，然後是隨堂測驗。

當他把考卷發下來時候，我目瞪口呆，因為卷面上劃著一個巨大的紅叉。我得的是零分！我滿腹狐疑。恐怕是老師弄錯了吧？惠特森先生在課堂上說的話，我一字不漏地記在筆記本上。不過我很快地了解到，這次測驗，全班同學得的都是零分。這是怎麼回事呢？

惠特森先生解釋道：「事情很簡單。關於『長翼飛貓』的一切，都是我隨口胡編的。這種動物從未存在過。因此你們記在筆記本上的，全部是錯誤的資訊。難道你們根據錯誤的資訊得出的錯誤答案，還應該拿到分數嗎？」

全班都氣炸了。這算什麼測驗？惠特森先生又算哪門子老師？

很簡單，惠特森先生說，所謂的「長翼飛貓」完全是他杜撰出來的，根本沒有這種動物。因為那堂課上他向我們展示「長翼飛貓」的頭蓋骨（實際上是普通貓的頭蓋骨）時，反覆強調，這種動物早已滅絕，而且遺跡全無。但是他卻繪聲繪色地向我們講述了這種「長翼飛貓」是如何目光

如炬、飛姿似鷹、皮毛若裘。然而，既然遺跡全無，他是怎麼知道的呢？又怎麼會有一副頭蓋骨的呢？我們沒有一個人質疑。

惠特森先生希望我們從這次經驗中吸取教訓，並告誡我們牢記，任何老師和課本都不可能是十全十美的。實際上，每個人都難免犯錯。他告訴我們，不要讓自己的腦子睡大覺，還要求我們一旦發現他或課本有什麼錯就立刻指正出來。

因此，惠特森先生說，盲目相信是我們得「大鴨蛋」的原因。他希望這次經歷能對我們有所啟發。老師和課本也有可能犯錯，事實上，每個人都有可能犯錯。

很顯然，這是一位非常優秀的老師，他從第一節課開始就用實例告訴孩子質疑的重要性。孟子說的「盡信書不如無書」正是這個道理。所謂的專家，他說的也不一定完全正確，善於懷疑，並借此促進自己的邏輯思考能力，才能變得越來越有智慧。

大膽質疑的伽利略

伽利略是義大利物理學家、數學家和天文學家。他發現了擺動等時性定律，提出了自由落體定律，發明了液體比重天秤、空氣溫度計，發明了伽利略望遠鏡，證明了哥白尼的日心說是正確的。

伽利略從小多才多藝。他會畫畫、彈琴，非常喜歡數學，會製造各種各樣的機動玩具。他本可以成為一個大畫家或者大音樂家。但是，他更愛自然科學。他的心中充滿了各種各樣的疑問。他老是問父親，為什麼煙霧會上升？為什麼水會起波浪？為什麼教堂要造成尖頂、寬底層？長大後，他的疑問就更多了。他深入鑽研了亞里斯多德的著作，常常陷入沉思之中。他想，亞里斯多德的許多理論並沒有經過證明，為什麼要把它們看做是絕對真理呢？

伽利略少年時代提出的許多個為什麼，後來都由他自己找到了答案。在伽利略的故鄉比薩城裡，有一座既莊嚴又華麗的大教堂。一天下午，伽利略來此參觀。一個同事替一盞油燈注滿油，把燈掛在教堂的天花板上，漫不經心地讓它來回擺動。伽利略看到，吊燈開始以一個很大的弧度擺動著，弧度變小時，擺動的速度也變慢了。他覺得鏈條的節奏好像是有規律的，雖然往返的距離越來越小，但吊燈每次往返所用的時間似乎都等長。沒有鐘錶，他用右手按住自己的脈搏，默默地數著吊燈擺動一次脈搏跳動的次數。他發現，吊燈每擺動一次所需的時間是相同的。

伽利略心裡突然一亮，他想到：「亞里斯多德說過，擺經過一個短弧要比經過長弧快些。亞里斯多德是不是弄錯了？」他回到家裡找資料，做了幾個擺。他把短擺掛在屋子裡，長擺掛在大樹上，然後精確計算一個擺從弧的一頭運動到另一頭所花的時間。實驗結果證明，擺來回擺動一次的時間是由繩子的長度決定的，不管擺的重量如何，與振幅也無關。但伽利略還有些不明白。因為亞里斯多德說過，物體從高處落下時，速度是由重量決定的。物體越重，下落速度也越快。但是，擺不也是從高處落下嗎？為什麼只要擺的繩長相同，擺落到最低點的時間都相同，而跟重量沒有關係呢？

他決定到比薩斜塔上進行下一步的試驗。他發明了一個小機關，只要一碰按鈕，盒中的物體就能同時落下。試驗當天，他讓學生們拿著盒子站在二層、三層、五層及塔頂窗口，他』發出了信號，二樓的學生打開盒子，讓一個一磅重的鐵球和一個十磅重的鐵球同時從塔上落下。這樣一層一層地試驗，每次試驗，不同重量的鐵球都同時到達地面。著名的比薩斜塔成了伽利略推翻亞里斯多德錯誤的落體理論的歷史見證者。

專家說的、老師說的、課本上說的也不一定全是正確的，如果有懷

疑，那麼我們就應該付諸於實踐，用事實說話才是最有力的。沒有比證據更好的語言了！

孩子，只要勇於懷疑，且有實踐精神，你就一定能夠成功！

標準答案一定對嗎

四年級某班正在上國文課。一位年輕的女教師正在講第十七課〈麻雀〉。這是俄羅斯著名作家屠格涅夫的一篇作品，大意是：

一位獵人帶著獵狗走在森林中，發現一隻剛出生不久的小麻雀從樹上掉了下來。獵狗想吃掉小麻雀，卻突然飛來一隻老麻雀，一邊發出淒厲的叫聲，一邊用身子掩護著小麻雀，並最終嚇退了獵狗……

講完了課文，女教師微笑著啟發同學們：「你們想想看，這隻老麻雀的行為表現了什麼精神呢？」

「表現了偉大的母愛！」

一些同學脫口答道。這是課文的標準答案，書上寫得很清楚。

可是，一個男生卻提出了幾乎無人想到的問題：

「你們怎麼知道這隻老麻雀是母的呢？」

大家一愣，旋即爆發出笑聲，似乎在嘲笑他的怪異想法。那個男生並不為所動，堅持說：

「課文中沒有任何說明這是一隻母麻雀，怎麼就歸類為母愛了呢？為什麼不可能是一位父親呢？」

這時，大家不笑了，將目光集中在教師身上。這位女老師興奮地點點頭，說：

「這位同學獨立思考，發現了一個大問題。我們應該把答案改為：這隻老麻雀的行為表現了偉大的親子之愛！」

全班一片熱烈的掌聲。

孩子，這位同學敢於質疑的精神，是多麼值得敬佩呀！他以非凡的勇氣向我們提出了一個重要問題：許多標準答案並不標準。

在課堂上，如果你發現老師出現了錯誤時，是否有膽量像這位同學一樣向老師提出來？如果敢，說明你已經向自信和成功邁進了一大步了！

▌給家長的悄悄話

這是一件真實而又引人深思的小故事。

不久前，一位教育心理學專家，給西方的小學生和東方的小學生出了下面這道完全一樣的測試題：一艘船上有八十六頭牛，三十四隻羊，問：這艘船的船長年紀有多大？

西方小學生的回答情況是，超過百分之九十的同學提出了異議，認為這道測試題根本沒辦法回答，甚至嘲笑老師的「糊塗」。顯而易見，這些學生的回答是對的。東方小學生的回答情況卻剛好相反：有百分之八十的同學認真地做出了答案，八十六減去三十四等於五十二歲。只有百分之十的同學認為此題非常荒謬，無法解答。

這位教育心理學專家很驚訝，小學生為什麼會出現這麼大的差別呢？事實上，造成這種現象的原因跟孩子長久以來接受的教育有很大的關係。

- 對他人（尤其是專家）已有知識的迷信，認為老師說的都是正確的，只有回答了問題，老師才會給分，老師怎麼會問錯誤的問題呢？所以，不敢提出自己的想法，或害怕自己的質疑會遭到老師同學的批評或恥笑。

- 有的學生在學習上存在依賴心理，依賴老師，依賴同學；有的滿足於一知半解不願生疑；有的學生不知道怎樣質疑，發現問題、提出問題有一定的困難。

這位法國教育心理學專家在總結這次實驗的時候，引用了下面的幾句話：

第一句話是笛卡兒說的：懷疑就是方法。

第二句話是法拉第（Michael Faraday）說的：在學術上不盲從大師，應該重事不重人，真理應該是首要目標。

第三句話是愛因斯坦說的：科學發現的過程是一個由好奇、疑慮開始的飛躍。

然後，他頗有感觸地講道：「應該教育孩子敬重老師，但更要教育孩子敬重真理。懷疑並不是缺點，只有敢於懷疑，才能減少盲從。有懷疑的地方才有真理，真理是懷疑的影子。」

如何培養孩子的質疑能力

◆ 培養孩子的質疑習慣，家長要有意識地鼓勵孩子多思多問。當孩子向我們提出問題時，應盡量給孩子以較圓滿、正確的答案，並不失時機地肯定、表揚孩子愛動腦筋。

答案和表揚一方面滿足了孩子的求知欲，另一方面更激發了孩子的好奇心。如果孩子提出的問題較深奧，家長自己也弄不明白，或者有些問題的答案可能太難理解，或不便於直接告訴孩子，遇到這種情況，也要正確處理，而不能打擊孩子質疑的積極性。正確的做法應該是，謙虛地告訴孩子：「你提的問題真好，但這個問題我也不懂，等我查完書再回答你，或者你自己查書找答案，好嗎？」

◆ 我們除了盡量滿足孩子的各種提問外，還應主動地、經常地向孩子提一些問題，引導孩子觀察事物，發現問題，激發孩子的質疑興趣和欲望。我們在向孩子提出問題時，要符合孩子的年齡和知識範圍，問題

不能提得過難或過易，不然都會挫傷孩子思考的積極性。

◆ 對孩子的問題，家長應注意區別對待，不一定要一一作答。有的問題只要孩子自己動腦或者查閱書籍就可以得到解答的，家長應鼓勵孩子自己解決，並教給他（她）解疑的方法。養成了習慣，既教給了孩子解疑的方法，又提高了孩子質疑的能力。

培養孩子的質疑能力，家長不能說的話

◆ 好好學習吧！別胡思亂想了，書上說的怎麼會是錯的呢？

◆ 老師怎麼說你就怎麼做吧！你這孩子怎麼這麼煩呢？

◆ 老師說的你都不相信，那你不是比老師更厲害了，還學習做什麼呢？

毋庸置疑，家長都這麼說了，孩子又怎麼敢質疑呢？得過且過便是，這樣的學習如何培養孩子真正的能力呢？又怎麼能讓孩子得到更好的發展呢？

教子加油站：家長一定要知道的

1. 孩子的能力比成績更加重要。如果你的孩子只會考試，不會創新，那只是學習的工具，他一定不會體驗到學習帶來的樂趣。

2. 有懷疑才能有進步。如果你的孩子在懷疑，說明他在很積極地思考問題，別打擾他，即便他的懷疑是錯誤的，但如果他能求證出自己的錯誤，為什麼不支援他呢？

3. 別盲目相信專家，有時候應該相信孩子。相信孩子不等於縱容孩子，相信孩子是信任他的能力，能給孩子自信與支持，如果連你都不信任孩子了，誰還能信任他呢？

第十章
知識源於累積

　　從幼發拉底河的文明之花，到如今人類文化的美麗奇葩，從刀耕火種的原始社會，到今天資訊爆炸的新經濟時代，人類社會的發展過程，從來都是一個知識累積的過程。

　　知識是指人們在改造世界的實踐中，所獲得的理解與經驗的總和，而知識累積，則是人們對知識進行學習儲備以及對知識結構進行不斷完善的過程，它包括個人知識，由少到多的累積，既是量的增加也是質的提高。作為家長，我們有責任讓孩子知道累積知識的重要性。孩子只有意識到累積知識的重要性，才能把更多的時間、精力與熱情投入到學習中去。在學習中，他們能獲取累積知識的樂趣。

▍沒有累積就不會有收穫

　　知識是累積起來的，經驗也是累積起來的。古今中外但凡有學問、有成就的人，都是十分注意累積的。有了累積，他們才能更好地運用。當知識的累積達到一定的厚度，就會轉化為個人成長的智慧。對於一個人來說，注重從書本上學習知識、擴大視野，是非常必要的。

　　沒有平日的累積、耕耘，哪來最後的收穫呢？

　　累積使孩子更加博學。孩子以累積的知識為基礎，可以學習、吸收更多的知識，知識累積的雪球會越滾越大，知識量和知識價值都會呈倍數增加。所以說，一個人累積越多，那他們潛在的能力就越強，知識就越淵博，智慧就越高深。

　　知識的累積為社會發展提供最基礎、最持久的動力。從人類社會的發展來看，因為人類能夠進行知識累積，從前人那裡學習經驗吸取教訓，才使得人類的文明得以傳承。

　　知識累積既是創新的活水源頭又是其歸宿。人類知識創新的每一朵奇葩，都離不開腳下累積的沃土，而任何創新的成果最終都將匯入人類知識累積的海洋成為人類永久的財富。

　　對孩子來說，培養孩子累積知識的能力，也可以鍛鍊孩子的分類整理的能力。孩子在累積整理的過程中，能夠將知識分門別類地整理在一起，這樣，時間長了會影響孩子的其他方面，學會累積的孩子，在生活中不會是一個雜亂無章的人，他們的學習能力都比較強。

　　累積，可以幫助孩子複習鞏固所學知識。學生在階段複習時，累積就幫了大忙，能夠起到事半功倍的效果。

　　勤於累積，對寫作有好處。眼看千遍，不如手寫一篇。孩子的寫作素材離不開平時的累積。

　　此外，從心理角度上來說，累積能讓孩子獲取自尊與自信心。因為擁有別的孩子所沒有的知識，能讓孩子得到很大的滿足感與成就感，他也更能體會知識累積的重要性。

　　當然，孩子的知識累積，更是一種對人生的累積。因為生活點滴即成人生。有豐富累積的孩子，必定擁有豐富、精彩的人生。

> ### 小提醒：孩子知識累積的途徑
> 1. 從生活實踐中。家長要多帶孩子出去接觸社會、接觸大自然，拓寬孩子的視野，讓孩子有機會累積到生活中的知識。
> 2. 從書本上累積，書本上的知識不言而喻，啟發孩子可以從書上去尋求先人的智慧與經驗，從而獲得相應的知識。
> 3. 從電視中累積。看電視並非都是無益的，電視中有一些益智類節目、科普類節目能開發孩子的智力，還能夠讓孩子累積到知識。重要的是父母要與孩子一起選擇一些適合孩子看的節目。

▍講個「鑿壁偷光」的故事

　　任何人的知識都是累積出來的。沒有誰天生就是一個博學的人。如果你的孩子並沒有勤奮累積知識的動力，也許〈鑿壁偷光〉能給他一點關於累積的啟發，勤奮累積知識，能夠改變一個人的命運。

　　匡衡出生在農家，但匡衡喜歡讀書，他希望自己能夠成為一個有學問的人。

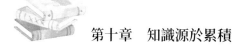

匡衡小時候，因為家裡貧窮，他白天做雇工維持生計，晚上才有時間讀書。

可是匡衡家裡窮得連煤油都買不起了。怎麼辦呢？因為鄰居家生活條件好，有燈，所以匡衡想出個辦法，在貼著鄰家的牆上鑿穿一個孔洞，「偷」一點光亮，讀書。他每天在昏暗的燈光下讀書，讀得眼睛都花了，依然堅持不懈。

匡衡家窮買不起書，同鄉有個富翁家中藏書很豐富。匡衡就去他家做工，卻不收分文工錢。他對富翁說：「我不想要工錢，只希望您能把家中的書都借給我讀，我就心滿意足了。」富翁聽了，被他勤奮好學的精神深深感動，就答應了他的請求。

從此，匡衡就有了充分的讀書機會。他精力充沛，富翁家的藏書十分豐富，他借著每個晚上「偷來的光」讀，居然被他讀完了。

由於匡衡的勤奮努力，累積了豐富的知識，成為一位知識淵博的學者。當時的讀書人中甚至流傳著這麼幾句口碑：「無說《詩》，匡鼎來；匡說《詩》，解人頤（沒有人能解說《詩經》，匡衡恰好來了；匡衡替大家解說了《詩經》的疑義，大家開心得都笑起來）。」

匡衡「鑿壁偷光」讀書的故事是多麼感人呀！任何一個人，只要有他那種堅持不懈的精神與積極累積知識的決心，就一定能夠成為一個博學多才的人！

▌備選故事任你挑

博覽群書，善於累積的魯迅

只有廣泛地多學科閱讀，才能夠在使用的時候得心應手。學習不能只學一科，這樣所得到的一定比較有限。

有人曾經做出一個統計:《魯迅全集》中引證過的古今中外的書約有五百五十五種之多,書中涉及的中外古今的人物有一千多個。可見魯迅知識之廣博。他的雜文旁徵博引,在講道理的同時,也能使人得到豐富的知識。

魯迅從小學習就很認真。少年時代,他在水師學堂讀書,第一學期成績優異,學校獎勵給他一枚金質獎章。魯迅立即拿到鼓樓街頭賣掉,然後用賣獎章得來的錢買了幾本書和一串紅辣椒。天氣寒冷,夜讀難耐時,他就摘下一顆紅辣椒放進嘴裡咀嚼,直到辣得額頭直冒汗,渾身發熱,以此來抵禦寒冷,讓自己學習時更有精神。

年輕時候的魯迅先生不但勤學、苦學,而且非常博學。除了完成學校規定的功課以外,所有天文地理、花鳥蟲魚的書他都讀。在他看來,讀書應該像蜜蜂採蜜一樣,採集很多花朵,才能釀出蜜來,如果只是集中在一處,所得的將會非常有限。

不管什麼書,只要魯迅先生看到的,他都會拿起來翻一翻、看一看,如果覺得需要深入鑽研的,他就會認真讀,如果覺得可以粗略地看看的,就必然不會花很多時間。

魯迅先生告誡別人:

不要只看一種書,而應該博眾家之長;
不但要看專業書,也要看看非專業的書;
不要只看自己感興趣的書,也要看自己不感興趣的書;
不要只看本國的書,還應該看看外國的書,以便受到更多的啟發。

正因為魯迅先生勤於涉略,不斷累積,才能寫下那麼多優秀的文學作品,讓後人景仰。在學習中,我們總覺得寫作文缺乏素材,那是因為我們不重視累積知識造成的。只要博覽群書,就一定不會缺乏寫作素材。

孔子拜師

一些孩子只注重累積書本上的知識，以為只有書本上有的，才算是知識。殊不知，生活本身就是一本大書，從生活中獲得常識也是重要的。為了讓孩子明白生活常識的重要性，家長不妨給孩子講講〈孔子拜師〉的故事：

孔子是春秋末期偉大的思想家、教育家，是儒家學派的創始人。

這是發生在孔子周遊列國時的一段故事。

有一天，孔子來到了燕國。剛進城門，就被燕國的一位少年攔住了。這位少年走上前來，非常誠懇地說：「我叫項橐，是燕國人，聽說孔先生很有學問，特來求教。」

孔子笑著說：「請講。」

項橐朝孔子拱拱手問：「什麼水沒有魚？什麼火沒有煙？什麼樹沒有葉？什麼花沒有枝？」

孔子聽後說：「你真是問得怪，江河湖海，什麼水都有魚；不管柴草燈燭，什麼火都有煙；至於植物，沒有葉不能成樹；沒有枝也難於開花。」

項橐一聽格格直笑，晃著腦袋說：「不對，不對，井水沒有魚，螢火沒有煙，枯樹沒有葉，雪花沒有枝。」

孔子聽了非常震驚。因為沒有累積這一方面的知識，今天竟然被問倒了。哎，真是知識無止境那！任何知識都應該累積。

想到這裡，孔子長嘆一聲，拱手作揖：「後生可畏啊！老夫願拜你為師。」

孩子，像孔子這麼有學問的人都知道自己不足，更何況是我們呢？知識是無止境的，如果只注重書本上的知識，而不知道累積生活中的知識，也同樣會被社會淘汰。要做一個知識淵博的人，一定要注意從各個方面累積知識。

隱世苦讀的鄭樵

鄭樵是宋朝著名的歷史學家。他的代表作《通志》是一部歷代典章制度的通史，博大浩瀚，達兩百卷，五百多萬字。《通志》一書包羅萬象，不僅記載了古代社會的歷史，還涉及動物學、植物學、文字學、音韻學等超越史學範疇的內容，把史學研究的範圍擴大到前所未有的深度與廣度。

鄭樵是福建莆田人，父親鄭國器是當朝頗負名望的大學士。鄭樵從小耳濡目染，學習勤奮，對諸子百家尤感興趣。

鄭樵十六歲那年，父親去世，從此家道中落，生活每況愈下。為了替父守孝，更為了不中斷學業，鄭樵走進深山老林，在莆田西北山下的一座茅屋內隱居起來，一邊守孝，一邊用功讀書。

單調枯燥的讀書生活十分清苦，但鄭樵卻樂在其中。遇上嚴寒天氣，狂風肆虐，破舊的草堂四面來風，瑟瑟發抖的鄭樵一邊用單薄的身軀抵禦門口吹來的寒風，一邊燃燈苦學。相鄰的村民深深地為他這種鍥而不捨的治學精神所打動，紛紛主動關心他、幫助他。有時送來一碗米飯給他充飢，有時拿來一把茅草幫他修補破漏的茅屋。

鄭樵在深山老林裡整整隱居苦讀了三十年。無論炎夏寒冬，無論生活條件多麼困苦，都未曾動搖他窮盡學問的雄心。他博覽群書，認真地研究了歷史、天文、地理、生物、醫藥和語言文字等各方面的學問。由於他長期不輟地學習，累積了無與倫比的豐富知識，為他晚年「集天下之書為一書」，撰寫《通志》這部浩瀚的歷史巨著打下了扎實的基礎。

鄭樵讀書的時候很重視系統性，他常常花費很多工夫整理讀書筆記，然後根據自己的體會寫成新的作品。他說：「善於讀書的人必須懂得整理知識，把知識整理得有條有理，才能達到融會貫通的地步。」

鄭樵力戒死讀書、讀死書。他總是把知識與實踐結合起來學習，平時

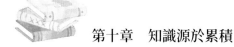

他重視實際觀察、親身體驗。比如他在學習天文學的時候，除了熟記書上所說的各種星座的名字以外，到了晚上，還按照書上所說的方位，去尋找這些星座，把它們在天空中的位置、亮度、特徵，都一一記錄下來，補充書本知識的不足。又如他在學習動植物知識的時候，常常跑到田野裡和池塘邊，觀察各種鳥獸蟲魚、花草樹本，熟悉牠們的形狀、特性，留心牠們的生活和生長過程。他還常常向農民、漁翁、樵夫、獵人請教有關各種動植物的知識。

鄭樵自學成才，他鑽研了一門又一門學問，弄通了一個又一個學科。他一生著作竟達八十四種，一千餘卷。如此巨大的成就是來源於他對知識的摯愛、堅定的信念及頑強的毅力啊！

博學多才是每個人的心願，只要孜孜不倦地求學，不畏艱難困苦，就一定能成長為一個多學科都精通的人才。鄭樵的事例就是證明。

南陽通人

東漢年間，南陽縣有個叫石橋鎮的地方，張衡就出生在這裡。張衡的祖父雖然做過官，但是為官清廉，家中並沒有什麼財產。等到張衡的父親去世後，他家的日子就變得貧困起來。為了讀書，張衡吃了許多苦頭。因為當時紙還沒得到推廣使用，書的內容大都寫在竹片或木板上，特別有錢的人家就寫在絹綢上面。像張衡這樣的貧家孩子，只能抱著一捆捆的竹簡，一片一片地讀。

那時候，用竹簡寫成的一部長書，能挑好幾擔，裝上大半車。張衡把沉甸甸的竹簡捧在手裡，一下子手臂就酸了。他還要小心翼翼，生怕弄斷穿竹簡的牛皮帶子。

就這樣，張衡讀完了家裡的所有竹簡，又到鎮上的親朋好友家去借。他學習特別刻苦，沒過幾年，張衡就讀遍了鎮上所有人家的書。

　　除了讀書以外，張衡還經常觀察工匠們工作。他在水力鼓風爐旁邊，一站就是半天，把工匠們燒旺爐火、冶煉鐵水、製作鐵器的過程，看個仔細，在石橋鎮，張衡算是一個有學問的人了。但是，他一點也不滿足，他想到書多、有學問的人多的地方去學習，要到名山大川去遊覽，開闊眼界，這在古時候叫做「遊學」。

　　張衡在長安停留了一年，他四處拜訪有學問的人，聽老人講歷史故事，看商人們做生意，觀察老百姓的日常生活。張衡把聽到和看到的事，都記了下來。沿著黃河，張衡來到了洛陽，透過朋友的介紹，他參觀了全國最高學府「太學」，並且在這裡讀了許多文學、哲學和自然科學的書籍。

　　三年後，張衡回到南陽，他把自己遊歷長安、洛陽的見聞寫了下來，這就是著名的《二京賦》。為了寫好《二京賦》，張衡寫了改，改了又寫，前後共用了十年的時間。《二京賦》寫好以後，轟動了地方和京城，讀書人都爭相閱讀。可惜，因為《二京賦》太長了，無法流傳下來。

　　之後，張衡潛心研究了西漢大辭賦家揚雄的《太玄經》及墨翟的《墨經》，書中涉及許多有關天文、曆算、幾何學、力學和光學方面的知識。三年苦讀的結果，使張衡從中獲得了別人不可企及的豐富的知識，為研究天文、曆算等自然科學問題打下了理論基礎。

　　張衡的名氣越來越大，他不但是文學上的歌賦大家，而且對天文、地理、曆算、繪畫等也很精通，被眾人譽為「南陽通人」。

　　西元一一五年，漢安帝聽說張衡在天文上有高深的造詣，就任命他為掌管天時、墾曆的太史令。

　　接受任命以後，張衡非常高興。他可以按照自己的興趣，更多地研究天文學，盡情施展聰明與才智。不論嚴冬還是酷暑，每逢晴朗的夜晚，張

衡都獨立高臺，記下星星在天空的位置。為了掌握月亮圓缺的變化，有一個月，從初一到十五，張衡晚上沒有睡過一次覺，記下了月亮盈虧的全部變化。

張衡把自己對月亮和星星的觀察、解釋都寫在了一部叫《靈憲》的著作裡。張衡在距今一千八百多年前對星月的觀察，十分接近近代科學家的觀察，這是多麼了不起的事情啊！

隨後，張衡又研製出新的天球儀 —— 渾天儀。為了使渾天儀能自行運轉，張衡採用齒輪系統把渾天儀和計時用的漏壺連接起來，巧妙地使渾天儀一晝夜運轉一周，把天象變化具體地演示出來，也被稱為水運渾象。水運渾象是世界上第一架有明確記載的用水力發動的天文儀器。為了說明這個儀器的結構和原理，張衡還寫了《渾天儀圖注》一書，一直流傳到今天。

根據這本書，我們現在可以知道漢代的渾天儀是什麼樣子，漢代的人如何理解天象的變化。這本古書在天文學史上占有重要的地位。

古今中外能成就一番事業，有一番作為的人，無一不是博聞強記，多思多問的人，正因為他們勤於累積，善於總結，才學有所長。只有在年輕的時候認真學習，累積扎實的基礎，才能成就大事。知識的殿堂，是需要一磚一石慢慢壘成的。

每天挖一點點

有兩個和尚分別住在相鄰兩座山上的廟裡，這兩座山之間有一條河，兩個和尚每天都會在同一時間下山去河邊挑水，久而久之成為了朋友。

不知不覺五年過去了，突然有一天左邊這座山的和尚沒有下山挑水，右邊那座山的和尚心想：「他大概睡過頭了。」沒太在意。哪知第二天，左邊這座山的和尚還是沒有下山挑水。一個星期過去了，右邊那座山的和

尚心想：「我的朋友可能生病了，我要過去探望他，看看能幫上什麼忙。」等他看到老友之後，大吃一驚，因為他的老友正在廟前打太極拳，一點也不像一個星期沒喝水的樣子。他好奇地問：「你已經一個星期沒下山挑水了，難道你可以不用喝水嗎？」朋友帶他走到廟的後院，指著一口井說：「這五年來，我每天做完功課後都會抽空挖這口井，即使有時很忙，能挖多少算多少。如今，終於讓我挖出了水，就不必再下山挑水，可以有更多的時間練我喜歡的太極拳了。」

孩子，這個和尚知道累積就能成功的原理，他所做的不過是每天挖一點點土，日積月累，竟然就挖成了一口井，從此就不用下山挑水了。而一個和尚因為沒有累積，五年過去了，他依然還是過著需要「挑水」的日子，這是多麼大的不同呀？

讀書也是一樣的道理，如果我們能夠做到每天學習一點點，天長日久，必定能夠成為知識淵博的人！

▎給家長的悄悄話

「不積跬步，無以至千里；不積小流，無以成江海。」這句話告訴我們，淵博的知識來源於點滴的累積。沒有累積，哪來收穫呢？

因為生活閱歷有限，孩子的經驗有限，累積的知識更有限，這就可能導致孩子「言之無物」，更有甚者，我們還發現他們也可能思想空洞。其實，這都是很正常的，因為大人倘若不累積，智識同樣也流於淺薄。那麼我們應該如何引導孩子學會累積呢？專家以為，可以從幾個方面入手：

- 告訴孩子要多讀書，累積課內、課外的知識，不要專讀課堂內的書，不讀課外書。

◆ 鼓勵孩子多參加課外活動，從課堂外去累積知識。孩子有了廣闊的視野，他們的學習就會更有熱情，他們累積的動機就會更加明確。

◆ 引導孩子事事留心，做一個生活的有心人。生活就是一所大學，如果能把生活大學的知識累積下來，那對孩子的一生而言無疑會大有裨益。

◆ 培養孩子勤於思考的能力。善於把自己的思想存檔，這是個很重要的累積方法。倘若孩子每天都無計畫地趕著學習，既不回顧，也不總結，又不思考，那必然失去很多有價值的啟示。

◆ 樹立榜樣。榜樣的力量是無窮的，法國作家盧梭說過：「榜樣！榜樣！沒有榜樣，你永遠不能成功地教給兒童以任何東西。」喊破嗓子不如做出樣子。告訴孩子累積是輕鬆而愉快的，關鍵是堅持。平常家長自己多看書，做些讀書筆記、剪報等，孩子耳濡目染，自然也就慢慢學會累積了！

培養孩子累積知識的習慣要注意的原則

◆ 忌浮躁：知識的累積，不是一朝一夕的事情，它貴在堅持，如果孩子出現了浮躁的情緒，應該多鼓勵他，讓孩子找到動力。做家長的人，不要一時看不到成效，就斥責孩子，這樣會嚴重影響孩子的自尊心與信心。

◆ 不要給孩子太多的任務，讓孩子一天累積一點點，哪怕只背誦一首古詩，只要是孩子願意做的，都是有效的。

◆ 累積不要限於書本，事實上生活中、大自然中都可以累積到知識，讓孩子做個有心人比孩子枯燥地記憶某些知識生動有趣得多，也比較容易讓孩子接受。

◆ 多給孩子私人的空間，不要過多干涉他自己的活動。有時候，孩子自願做一件事情比家長強迫他去做的效果更好。因為主動性在於他自己！

教子加油站：家長必須知道的

1. 只給孩子講道理，說知識的累積有多重要是沒有效果的，說多了只會讓孩子反感。所以，找個機會給孩子講講故事，也許對孩子是有幫助的。

2. 給孩子表現的機會，讓孩子嘗到成功的甜頭。

3. 如果有條件，多帶孩子到戶外走走，這比讓孩子呆在自己的小圈子裡自說自話有意義得多。

第十章　知識源於累積

第十一章
好記性不如「爛筆頭」

　　出色的學習能力，優秀的學習成績不是隨隨便便就可以獲得的。對於孩子來說，若想讓他把自己所學的知識牢固地掌握下來，內化為一種能力與知識，只有培養他勤做筆記的習慣。

　　不管一個人的知識多麼淵博，如果他不善於做筆記，不善於累積與總結，那他所得的知識總有一天會枯竭，做筆記的重要性不言而喻。

　　如果我們的孩子掌握了「記錄」的能力，他們自然而然就能很好地累積自己所學的知識，記錄自己的學習心得體會，總結自己學習中的得失，分析自己的不足，從而讓自己的學習更上一層樓。

▍做筆記的好處

　　學習做筆記不僅是一種學習方法，更是一種正確的學習態度，正所謂「不動筆墨不讀書」。讀書如此，課堂學習亦然。「好記性不如爛筆頭」，說的也是同樣的道理。勤於動手，才能克服眼高手低的缺點，才能提高學習效率。

　　記筆記有助於指引並穩定學生的注意力。要想在聽課的同時寫好筆記，必須跟上老師的講課思路，把注意力集中到學習的內容上，光聽不記則有可能使注意力分散到學習以外的其他方面。

　　記筆記有助於對學習內容　理解。記筆記的過程也是一個積極思考的過程，可調動眼、耳、腦、手一齊活動，促進對課堂講授內容的理解。

　　記筆記有助於對所學知識的複習和記憶。如果不記筆記，複習時只好從頭到尾去讀教材，這樣既多花時間，又難得要領，效果不佳。如果在聽課的同時記下講課的綱要、重點和疑難點，用自己的語言記下對所學知識的理解和體會，這樣對照筆記進行複習時，既有系統、有條理，又覺得親切熟悉，複習起來就會事半功倍。

　　記筆記有助於累積資料，擴充新知。筆記可以記下書本上沒有的，而老師在課堂講授的一些新知識、新觀點。不斷累積，能獲得許多新知識。

　　記筆記，使知識不混淆。隨著年級的升高，孩子學習的科目越來越多，知識也越來越複雜，單憑著聽課的累積，沒有系統地做好筆記，會使知識混淆，這對學習是沒有好處的。處理好各科的知識點，記筆記是關鍵。

　　做讀書筆記可說明記憶，彌補腦力不足，有效提高讀書效率。做讀書筆記可鍛鍊思考能力。讀完書用筆記記下來，想一想，這便是思考，常思考，可鍛鍊人的思維的條理性、邏輯性和分析綜合能力。做筆記可累積有用資料，開闊視野，提高語言文字表達能力。　』

小提醒：從小培養孩子記錄的習慣

1. 在孩子很小的時候，爸爸媽媽可以說明孩子記錄一些生活小事，比如「寶寶今天去動物園了，看到很多動物，寶寶可喜歡這些動物了。」等到孩子稍微大一點，讓孩子口述，家長記錄，久了，孩子就有了記錄的習慣與興趣。

2. 給孩子記錄的小空間。這會激發孩子的興趣，覺得這很有意思。

從「一份菜單」談起

很多孩子覺得自己記性好，沒有養成做筆記的習慣。實際上，再出色的記憶都會褪色，只有「筆記」才能使曾經的記憶保持常新，為了讓孩子了解到「筆記」的作用，家長可以給孩子講個〈一份功能表〉的故事。

俄國大作家尼古拉·果戈里（Nikolai Vasilievich Gogol-Yanovski）為我們留下了許多膾炙人口的小說、戲劇。他每到一處，總不忘記帶上他的寶貝 —— 一冊小筆記本。他把所聽到的奇聞逸事、看到的風土人情、讀過的警句、看書後的心得，都毫無例外的記在小筆記本裡。

有一次，他請一位朋友吃飯，直到服務生把飯菜全部擺上來了，他還在埋頭往小本子裡寫著什麼。他的朋友見了覺得十分奇怪，便好奇地問道：「你飯不吃，在本子上寫些什麼呀？這麼重要？」

「哦，你不知道，真是太奇妙了，這份菜單對我太有用處了！」果戈里異常興奮，像尋覓到什麼寶貝似的，不能自己。

「那也得吃飯啊！看，飯菜都快涼了！」他的朋友催促著。

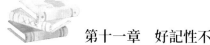

可別小看了果戈里抄在筆記本裡的這份菜單，後來他在短篇小說集《狄康卡近鄉夜話》裡，就用上了它。裡面許多關於烏克蘭的風俗習慣、民間傳說、民歌諺語等，也都是從那本筆記本裡得來的。

果戈里一生中最偉大的「嗜好」就是喜歡做筆記。正因為勤做筆記，所以締造了諸多不朽的作品。孩子，不妨也試著培養記筆記的「嗜好」，有一天你會發現自己的筆頭不再「枯澀」。這時候，你一定文思泉湧，下筆如有神助了！

▎備選故事任你挑

錢鐘書記筆記

著名學者、作家錢鐘書被譽為「文化昆侖」。

錢鐘書年輕的時候記憶力驚人，甚至有外國學者形容他的記憶是「照相機式」的記憶。他在清華大學讀書時，自恃有過目不忘的記憶力，連課堂上聽講都不做筆記，更不屑於課外讀書做筆記。

後來在備課、寫文章的實踐中，他逐漸了解到有些內容單憑著自己的記憶力是沒有辦法完整地記起來的，才發現筆記的作用。從那以後，他讀書必做筆記，並養成了良好的習慣。

他每讀一書，都做筆記，摘出精華，指出謬誤，寫下心得。他很珍視自己的讀書筆記，行李箱裡也總是放好幾本字典、詞典和讀書筆記，一有空便反芻似的閱讀。寫《管錐編》，這部洋洋百萬言的學術巨著，主要資料來源就是他寫下的五大麻袋讀書筆記。

有「照相機式」的記憶力，那是多麼驚人的記憶力呀！但是，擁有如此驚人的記憶力的人，也知道光憑記憶解決不了問題，何況是我們呢？我們每天都要學習那麼多知識，如果不整理成筆記，日後複習起來，必然

就成了一團亂麻，毫無條理可言了！為了能夠獲得扎實的知識，我們必須養成筆記的習慣！

「記錄」的非凡意義

人類歷史的進程，離不開記錄，沒有記錄，便不會有歷史。

古人為了要記住一件事，就在繩子上打一個結。以後看到這個結，他就會想起那件事。如果要記住兩件事，他就打兩個結；記三件事，他就打三個結……如果他在繩子上打了很多結，恐怕他想記的事情也記不住了，所以這個辦法雖簡單但不可靠。據說波斯王大流士給他的指揮官們一根打了六十個結的繩子，並對他們說：「愛奧尼亞的男子漢們，從你們看見我出征塞西亞人那天起，每天解開繩子上的一個結，到解完最後一個結那天，要是我不回來，就收拾你們的東西，自己開船回去。」

在石頭上刻痕也是幫助記憶的方法之一，結果當然也是與結繩記事一樣。用這種辦法不能對事情本身做記錄，它只能起到提醒記憶的作用，而且也不可能記得太多。

古代人還用石頭來標明太陽投影的最北點和最南點，並且在岩石上劃痕來計算太陽和月亮週期的天數，於是制訂出日曆。

文字是人類文明的最主要的載體。有了文字，人類的知識才能保存下來，得以在空間和時間上廣為傳播。古埃及人用草紙記載其科技成就，使之流傳千古。

古埃及人最早使用象形文字，後來他們又發明了拼音字母，形成了象形文字和拼音文字並用的狀況。經過長期發展演變，形成了由字母、音符和片語組成的複合象形文字體系。後來為書寫方便，又發展出稱為僧侶體的更為簡化的象形文字。現在，在金字塔、方尖碑、廟宇牆壁等一些被視為神聖或者永恆的地方，人們仍然可以清楚地看到古代埃及的象形文字。

古埃及拼音字母的流傳對西方拼音文字的發展產生了深遠影響。

尼羅河三角洲盛產一種與蘆葦相似的植物——紙草。人們把紙草切成長度合適的小段，剖開壓平，拼排整齊，連接成片，風乾後即成為紙草。他們用蘆葦稈等做筆，以菜汁和黑煙末製墨，在紙草上寫字。但是長時間後紙草會乾裂成碎片，所以極難保存下來。所幸，還是有極少數用僧侶體寫成的紙草文書流傳於世，藏於大英博物館的一份紙草文書記載了古埃及人的算術和幾何成就，相傳是一位名叫阿摩斯的僧人從一位國王的舊卷子上轉錄下來的。這些紙草為我們提供了極其珍貴的古代資訊。

正因為有了文字和書寫工具，古代的思想和技術才可以保留和傳遞，才有了文化的延續和發展。所以說，記錄的意義是非凡的，因為筆記，也許有一天你也能成為一個書寫歷史的，非凡的人！

傑克・倫敦的小紙條

凡是到過美國作家傑克・倫敦（Jack London）家中的人都覺得很奇怪：窗簾上、衣架上、櫃櫥上、床頭上、鏡子上、牆上……到處貼滿了形形色色的小紙條，初到他的房間裡的人還以為那是什麼特殊的裝飾品呢。

實際上，這些小紙條並不是空白的。上面寫滿了各式各樣他搜集來的資料：有美妙的詞彙，有生動的比喻，還有五花八門的資料。傑克・倫敦從來不願讓時間白白地從他眼皮底下溜走。睡前，他默念著貼在床頭的小紙條；第二天早晨醒來，他一邊穿衣，一邊讀著牆上的小紙條；刮鬍子時，看鏡子上的小紙條；散步時，他一邊回憶小紙條上的內容，一邊到處尋找啟發創作靈感的詞彙和資料。不僅在家裡是這樣，外出時也一樣。

外出的時候，傑克・倫敦把小紙條裝在口袋裡，只要有空就隨時隨地拿出來看一看、想一想、記一記。由於這樣鍥而不捨地搜集、累積資料，一點一點地把資料裝進腦中，再加以靈活運用，他創作出一部部光輝的著作。

古往今來，名人大都有著好記性，但他們仍十分注重做筆記。如果能做到把自己的筆記分門別類地歸納整理，想用的時候信手拈來，就輕鬆多了！相反，在平常生活中不注重累積，不願意做筆記，想用的時候，就會發現能供自己使用的資料過於貧瘠了！

做筆記有訣竅

有的孩子上課認真聽講，也勤奮做筆記，但學習成績並不好，為此，孩子很煩惱，以為自己的智力有問題，對這樣的孩子，家長要多幫助他們，給他講個〈做筆記有訣竅〉的故事，讓孩子從故事裡得到啟發：

小輝發現，夏蘭無論上什麼課手裡總是握著一支筆，上課的時候，她專心地聽著，筆也在刷刷地動個不停，十分認真。但她課業卻不突出，小輝想，問題肯定就出在她的筆記上。

下課時，小輝拿來夏蘭的筆記一看，嚇了一大跳，夏蘭的筆記做得密密麻麻的，甚至老師說的每一句話都記錄了下來，真不可謂不認真！小輝心裡非常佩服夏蘭，但又覺得身為好朋友，自己應該告訴她做筆記的訣竅才行。

小輝笑著對夏蘭說：「我真佩服你呀！筆記做得這麼認真，我上課的時候叫你一定都沒有聽到吧？」

夏蘭不好意思地笑著說：「是呀！光顧著寫筆記，沒有聽到你叫我。只是我不明白，為什麼我成績還是沒有進步呢？你是怎麼做筆記的呀？」

小輝抓抓頭，謙虛地說：「其實，我筆記沒有你做得那麼多。事實上，老師說的內容很多在書上都有，在聽的時候把它們劃下來做個記號就可以了，不用全部都記錄，這樣可以讓聽課有效率，還可以培養上課動腦的習慣呀！」

「哦，原來如此。」夏蘭恍然大悟，「難怪每次我記完，老師都已經

講到其他內容了，害我只顧著寫筆記，根本就沒有時間動腦思考老師說的問題！原來做筆記還是有訣竅的呀！」

小輝聽了哈哈大笑起來，他為自己能幫助好朋友而感到高興。

從那以後，夏蘭的學習成績大幅進步，而且上課時，老師發問她回答得特別積極。

孩子，記筆記是有訣竅的，如果光顧著做筆記，忽略了重點內容，忽略了動腦思考，那真是得不償失呀！

所以，在課堂上，我們不用什麼都記錄，但一定要記錄重點的，只有重點突出，學習才能做到有效！

古人做筆記的故事

* **蒲草筆記**：漢代路溫舒小時家貧，無錢讀書。一次，在野外放牧時，他發現寬寬的蒲草可用來記字造句，於是便將蒲草採回家，邊讀書、邊在蒲草上做筆記，讀了一本，又抄一本，終於諳熟《春秋》經義，成為有名的法學家。

* **樹幹筆記**：南北朝時的任末，外出求學時無錢住客店，便在樹林裡搭個小茅棚住，然後削荊條為筆，以樹汁為墨水，讀書做學問。因買不起紙張，便把書中的優美詞句寫在樹幹上，等有錢買到紙後再抄錄下來，後人將此樹林稱為「經苑」。

* **布袋筆記**：宋代詩人梅堯臣，外出時總是帶著一個小布袋，每當讀到佳句妙語，就把它們寫在紙片上，然後投入小布袋中。做學問時，便從小布袋中取出所記的紙條，或予以引用，或啟發思維，終成一位出色的詩人。

* **陶罐筆記**：元末著名學者陶宗儀，避亂江華亭時，躬耕於田野，累了

便坐在樹下歇息、讀書。每有所感，就取出隨身帶來的筆硯，在樹葉上記下來，並將樹葉筆記放入準備好的陶罐中，埋入樹下。經過十餘年的累積，竟有樹葉筆記數陶罐。後經加工整理，終成頗有學術價值的《南村輟耕錄》。

這些古人做筆記的故事無疑是有趣而經典的，每一個小小的故事裡都包含著深刻的哲理，這些學有所成、著有所傳的學者名人們之所以能夠流芳百世，跟他們的筆記是分不開的，正因為他們善思、善記，才給後世留下了很多優秀的作品。

在生活中，我們也應該做一個善於累積、勤做筆記的有心人，這樣，生活就成了有源之水，能夠供我們不斷提取了！

▍給家長的悄悄話

美國心理學家巴納特以大學生為對象做了一個實驗，研究了做筆記與不做筆記對聽課學習的影響。

大學生們學習的資料為一千八百個詞的介紹美國公路發展史的文章，以每分鐘一百二十個詞的中等速度讀給他們聽。把大學生分成三組，每組以不同的方式進行學習。甲組為做摘要組，要求他們一邊聽課，一邊摘出要點；乙組為看摘要組，他們在聽課的同時，能看到已列好的要點，但自己不動手寫；丙組為無摘要組，他們只是單純聽講，既不動手寫，也看不到有關的要點。學習之後，對所有學生進行回憶測驗，檢查對文章的記憶效果。

實驗結果表明：在聽課的同時，自己動手寫摘要組的學習成績最好；在聽課的同時看摘要，但自己不動手組的學習成績次之；單純聽講而不做筆記的小組，學習成績最差。

第十一章　好記性不如「爛筆頭」

那麼，為什麼有的孩子不愛做筆記呢？歸結起來，有以下幾個原因 ──

◆ **缺乏引導**：孩子先天學習經驗不足，如果沒有別人的引導與幫助，他們是無法意識到筆記的重要性的。作為家長，只有讓孩子了解到，做筆記能夠說明自己更好地記憶與學習，孩子才能夠慢慢地學會筆記。

◆ **沒有形成習慣**：習慣是一個長期堅持養成的過程。一些孩子因為缺乏做筆記的意識，更沒有養成做筆記的習慣，所以通常上課是不做筆記的，以為認真聽講就可以了！事實上，孩子沒有筆記，以後複習起來就比較困難了，這樣，孩子缺少第一手的複習資料，如何讓他把學習學好呢？

◆ **懶惰，嫌做筆記麻煩**：懶惰是很多孩子的共性。因為懶惰，自然不肯勤於動手、動腦，這樣的孩子，學習成績必然不會好！

◆ **驕傲自滿**：有些孩子認為自己的記憶力不錯，不用做筆記。他們覺得反正教材上什麼都有，上課只要聽講就行了，沒必要記課堂筆記。

殊不知，正是因為他們不愛做筆記，所以他們的學習成績也受到了很大的影響。作為家長，引導孩子做好筆記是非常重要的。家長可以從以下幾個方面督促孩子做筆記：

◆ 家長可以經常看看孩子的筆記本，指導孩子做筆記。看看重要的內容有沒有記下來，對疑點有沒有標記，筆記是否有條理、清晰等。

◆ 激發孩子做筆記的欲望，讓孩子在讀書過程中，如果遇到讓自己印象深刻的故事以及體會，要把它們記錄下來。

◆ 讓孩子走進大自然，體驗大自然給予自己的感受，然後把自己的收穫與體驗記錄下來。

◆ 教給孩子做筆記的方法。

做好記筆記的準備工作。筆記本是必不可少的。最好給每一門課程準備一個單獨的筆記本，不要在一個本裡同時記幾門課的筆記，這樣會很混亂。準備兩種不同顏色的筆，以便透過顏色突出重點，區分不同的內容。

每頁筆記的右側劃一分隔號，留出三分之一或四分之一的空白，用於課後拾遺補缺，或寫上自己的心得體會。左側的大半頁紙用於做課堂筆記。

要點筆記：不是將教師講的每句話都記錄下來，而是抓住知識要點，如重要的概念、論點、論據、結論、公式、定理、定律，對老師所講的內容用關鍵字語加以概括。

提綱筆記：這種筆記以教師的課堂板書為基礎，首先記下主講章節的大小標題，並用大小寫數位按授課內容的順序分出不同的層次，在每一層次中記下要點和有關細節。條理清晰，使人一目了然。

父母不應該這樣說

* **你看看自己做的筆記，寫的字跟狗爬出來的一樣難看**：許多家長恨鐵不成鋼，如果看到孩子做的筆記太難看，就武斷地否決孩子所有的努力，讓孩子承受挫敗感，這是非常不理智的。其實，你完全可以對孩子提出自己的建議，告訴孩子，如果把字寫得認真一點，可能看起來比較輕鬆，孩子得到暗示，也會朝你要求的好的方向發展。

* **你今天做了什麼筆記呢？讓我檢查檢查**：生硬的態度讓人反感，孩子也不例外。如果孩子覺得你在尊重他，徵求他的意見，他可能很樂意與你分享他的努力成果。如果孩子覺得純粹是為了你的檢查才做筆記的，那他學習的主動性一定受到了壓制。

* **你就不能這樣記嗎？為什麼就不能聽從我的話**：你的意見都一定是正

確的嗎？為什麼孩子不能按照自己的意願做自己的筆記呢？如果孩子覺得自己按照自己喜歡的方式做效果更好，那作為家長的你應該尊重孩子自己的興趣取向。

教子加油站

　　孩子不愛做筆記，關鍵是孩子不了解做筆記的好處。家長可以從做筆記的好處入手，讓孩子了解到：做過筆記，複習起來就有方向，學習成績就會好；做過筆記，很多知識就不容易遺忘，能為成為一個博學的人奠定基礎。

　　此外，多表揚你的孩子，表揚他的書寫水準提高了，比如某些字的筆劃、結構等，孩子因為有了進步的方向，有了前進的動力，就不會覺得記筆記是一件非常討厭的事情。

　　家長一定要記住：真誠的鼓勵能夠成就孩子！

第十二章
「熱情」之火可以燎原

在孩子成長的過程中，家長們千方百計開發孩子的智力、教孩子知識、培養孩子習慣，可是，卻忽略激發孩子內在的熱情。

事實上，對於同一件事情，孩子的熱情係數越高，他願意為之付出的努力就越多，收穫也就越多，學習也是同樣的道理。

孩子一旦有了學習的熱情，在學習的過程中就能夠始終保持一種積極、主動的狀態，對學習充滿了自信，即使遇到了困難，他們也能夠憑著決心和毅力克服，最終收穫到知識的累累碩果。

▍學習有「熱情」的種種表現

　　每個人體內都有非凡的潛力，都有一座奔湧澎湃的「火山」，這座「火山」一旦噴發，人生將會因此更加絢爛多姿，這一非凡潛力的激發需要的正是熱情。

　　熱情是成功的引擎、潛能的觸發器，熱情能促使孩子以更高的效率學習，取得更好的成績，也會更有成就感。

　　擁有學習熱情的孩子無論現在的成績如何，都始終在不停地努力，他們會把自己看成是一個生活的挑戰者，他們懂得把考試看成檢驗自己努力成果的機會、大展身手的舞臺，他們不再懼怕它，而是期待它。

　　熱情能支持一個孩子廢寢忘食地學習，即使在嘈雜混亂的環境中，也可以全身心專注於自己的學業，從而最大限度地提高學習效率。

　　擁有學習熱情的孩子有明確的奮鬥目標，他們知道透過努力，想要實現的是什麼目標，在有學習熱情孩子的面前，永遠有一個看得見的「靶子」。

　　有學習熱情的孩子能清楚地認知到自己的優勢與不足，對於自己的優點，他們能不斷保持，並進一步發揚，對於自己的不足，則透過虛心學習，一點一點地趕上。

　　擁有學習熱情的孩子能預見在自己學習過程中，可能出現哪些障礙與干擾，並預先想出克服這些不利因素的方法。他們懂得在實踐中不斷總結和思考最適合自己的學習方法，不斷提高學習效率，並合理地改進自己的學習計畫。

　　擁有學習熱情的孩子對自己的前途滿懷信心，相信透過自己的努力，人生夢想一定能夠實現。在熱情的支配下，孩子會主動約束自己不利於實現目標的各種不良習慣，以積極的心態面對未來，以不屈的努力克服各種困難，以頑強的意志將奮鬥堅持到底，直到目標實現為止。

小提醒：了解你的孩子有多少學習熱情

1. 在困難面前的表現。透過了解孩子在難題面前的表現，就能看出孩子有多少的熱情，如果孩子對學習有熱情，一定能夠積極思考，努力求解，缺乏學習熱情的孩子往往不求甚解，或者馬虎應付。
2. 透過語言交流觀察。家長在與孩子交流的過程中，孩子是喜歡喜歡還是討厭學習，其情況一目了然，當孩子學習缺乏熱情與動機時，家長要適當引導。
3. 從孩子的作業情況了解。 作業能夠從側面反映問題，字跡潦草是孩子缺乏學習熱情的表現，學習有熱情的孩子肯定得到表揚，所以字自然寫得工整。

講個「抄書成才」的故事

　　孩子學習熱情不高，是因為缺乏動機的指引。如果心中有追求、有渴望、有榜樣，慢慢的，孩子就會對學習產生熱情。如果你的孩子對學習缺乏熱情，可以從〈抄書成才〉入手，以榜樣的力量引導孩子熱愛學習。

　　宋濂是明朝初年的一位著名學者。他學識淵博，被明朝的開國皇帝朱元璋任命為翰林學士，所以人們都叫他「宋學士」。他一生寫過很多文章，都收集在《宋學士全集》這本書中。

　　宋濂出生在書香之家，爺爺、父親都讀過許多書，母親也是個知書達理的大家閨秀。可惜，有一年鬧瘟疫，僅僅一個月，爺爺和父親就相繼病逝。為了躲過災難，母親帶著襁褓中的宋濂回到了娘家。年輕守寡的母親含辛茹苦，決心一定要把兒子培養成為知識淵博的人。

從此，母親一邊幫人家做裁縫，一邊教兒子認字，還手把手教他練字。七歲的宋濂不但認得兩千多字，而且還能寫一手工整的小楷。

一天，母親坐在窗邊工作，看兒子心不在焉地把字塊移過來、挪過去，撒了一地。

「兒子啊！不舒服嗎？」母親放下手中的工作，摸摸兒子的額頭。「不，我沒病，只是有點煩惱！」「煩什麼？快告訴媽媽。」母親心疼地摟著兒子瘦小的肩膀。「媽媽，我已經七歲了，只認識字、練字有什麼用，我要念書、看書。」

「念書？」母親環視了簡陋的屋子，看看破舊的桌椅，重重嘆了口氣。看著母親為難的樣子，懂事的宋濂不再說什麼，默默地撿起字塊讀了起來。

母親回到窗邊，重新拿起針線，看著手中的衣物，她忽然眼睛一亮，安慰兒子說：「有了，媽媽想辦法借書給你讀。」她告訴兒子，手上這些工作是縣城李舉人家的，聽說李家有許多藏書，等完工送去時，順便求他借幾本書。

這個提議使宋濂頓時興奮起來，母親理解他的心情，每天起早貪黑，衣物很快就做好了。

幾天後，宋濂跟隨母親來到李家。李舉人得知這七八歲的孩子如此渴望讀書，破例讓他進書房自己挑一本，但必須在一個月後完好無損地歸還。

小宋濂站在書櫃前，踮起腳左看看、右瞧瞧，抽出了一本《左傳》。抱著《左傳》，小宋濂如獲至寶，一回家就埋頭讀了起來，可過了不久，他卻急忙找來筆墨，鋪開紙，母親不解地問：「整天吵著要看書，如今書來了，又練什麼字？」

「媽媽，借來的書，很快必須歸還，從現在起，我借到一本書就抄一本，借一百本就抄一百本，這樣我不就有自己的書了嗎？」

抄書，說來容易，做起來卻並不輕鬆。時值臘月，天寒地凍，家中只生了一個小小的火盆，連呼口氣都能結成霧。寫沒幾個字，手指就像針扎般疼痛。母親把兒子的小手放在自己懷中，手暖和了，但硯臺裡的墨汁又凍住了。

一個月後，宋濂恭敬地把書還給了李舉人，還自豪地告訴他，自己也有一本。

「抄了一遍？」李舉人簡直不相信自己的耳朵。於是又借給他一本《國語》。

幾年下來，宋濂就有了幾十部手抄書，除了上面提到的《左傳》、《國語》外，還有《戰國策》、《詩經》之類的書，那套手抄《史記》有五十二萬字呢！

宋濂聽說鄒家莊有位學富五車的先生，就背了乾糧，走了兩天多路尋到鄒先生家。鄒先生是當時一位大學者，前來求教的人很多，輪到宋濂已是午餐時間了。他畢恭畢敬地站在房檐下，直等到先生午睡醒來，才去請教。

半個月後，鄒先生推薦他到鄰縣義烏學堂求學。他求學心切，第二天儘管滿天風雪，還是背著沉重的書箱上了路。到了學堂門口，他又冷又餓又累，竟一頭栽倒在地，不省人事。

為了念書，宋濂從小到大吃了不少苦，如今坐在教室裡，心裡比吃了蜜還甜。學堂的學生大多是闊佬官家子弟，個個穿著綾羅綢緞，天天吃著山珍海味，宋濂雖是粗食布衣，但卻非常滿足，從此苦心攻讀，後來果然成為大文學家。

也許我們現在不需要像宋濂那樣，為了學習而吃苦，但要想真正做好一件事情，付出同樣的執著與熱情是需要的。孩子，只要你擁有熱情與執著，你一定能夠得到回報。

備選故事任你挑

一心要讀書的少年

對孩子而言，學習為誰，目的並不明確，事實上，作為大人，我們也很難去給學習下定義，唯一能告訴孩子的就是，只要保持「一心要做」的熱情，就一定能夠成功。

羅蒙諾索夫是西元一七〇〇年代一位偉大的科學家。

八歲的時候，媽媽把羅蒙諾索夫送到老師那裡學習，老師對小羅蒙諾索夫說：「孩子，讀書是為了走向知識的殿堂，但走向知識殿堂的道路是一條非常艱辛的路，是你自己要學習，還是媽媽逼你來的呢？」

小羅蒙諾索夫閃著亮晶晶的眼睛，認真地回答道：「是我自己要求讀書的。」

從此，小羅蒙諾索夫每天總喜歡捧著書念呀！看呀！非常入神。對書本，他有一種狂熱的情懷。

後來，媽媽去世了，爸爸娶了後母，後母是個凶惡的女人，她並不喜歡小羅蒙諾索夫念書。有一天還把小羅蒙諾索夫趕出了家門，不允許他在自己的面前念書。可憐的小羅蒙諾索夫只好離開溫暖的屋子，鑽進寒冷的舊板房念書。在那個寒冷如冰的屋子裡，小羅蒙諾索夫如飢似渴地讀著書，完全沉浸在知識的海洋裡，忘記了悲傷與痛苦。

從此，他白天跟父親打魚，晚上，就躲在這個板房裡看書。

有一天，羅蒙諾索夫和父親在海上打魚，忽然來了一陣狂風，大海掀起了巨浪，船上的帆篷被吹落了，情況十分緊急。他不顧一切，沿著搖晃的桅桿爬上去，很快把吹落的帆篷紮緊了，漁船恢復了平穩。狂風過去後，父親把他拉到身邊，笑咪咪地說：「孩子，我要獎賞你的勇敢，買件鹿皮上衣給你，好嗎？」

羅蒙諾索夫搖搖頭。

「那你要什麼呢？」

「我要買一本書，爸爸，其他我什麼都不要。」

「難道一件鹿皮上衣比不上一本書？」

「爸爸，我想要一本好書，什麼知識都有的書。比如，天上的星星為什麼會掉下來，為什麼黑夜過去就是黎明……」父親和水手們聽了，都驚奇得睜大眼睛。

因為對學習充滿了熱忱，長大後，羅蒙諾索夫成了著名的科學家、詩人、語言學家和歷史學家。

孩子，羅蒙諾索夫之所以獲得成功，最根本的原因在於他愛讀書啊！因為心中有愛，有熱情，才能忘我地投入，任何困苦與磨難都無法磨滅他學習的熱情。

在我們的生活中，做任何事情，都應該首先有熱情，有熱情，才能更加努力、積極，也才更容易獲得成功。一個對生活充滿熱情的人，他的人生才能充滿情趣。

一切都源於熱愛

史蒂芬・霍金（Stephen Hawking）是當代最偉大的科學巨匠，他對黑洞和宇宙的研究奠定了人類近代宇宙觀的基礎，揭示了許多關於宇宙的奧祕，他所撰寫的《時間簡史》在全世界銷售五千萬冊以上，是目前銷量最

大的科普讀物。然而不幸的是，在二十一歲時，霍金身患盧伽雷氏症，他的全身失去知覺，只有一根手指可以活動。他的許多驚世之作，就是憑這根手指叩動鍵盤寫出來的。

有一次，在學術報告結束之際，一位年輕的女記者捷足躍上講壇，面對這位在輪椅裡生活了三十餘年的科學巨匠，深深景仰之餘，又不無悲憫地問：「霍金先生，患盧伽雷氏症已將你永遠固定在輪椅上，你不認為命運讓你失去太多了嗎？」這個問題顯然有些突兀和尖銳，報告廳內頓時鴉雀無聲，一片寂靜。

霍金的臉龐卻依然充滿恬靜的微笑，他用還能活動的手指，艱難地叩擊鍵盤，於是，隨著合成器發出的標準倫敦音，寬大的投影屏上緩慢而醒目地顯示出如下一段文字：

> 我的手指還能活動，
> 我的大腦還能思維；
> 我有終生追求的理想，
> 有我愛和愛我的親人和朋友；
> 對了，我還有一顆感恩的心……

大家經過心靈的震顫之後，掌聲雷動。人們紛紛湧向臺前，簇擁著這位非凡的科學家，向他表示由衷的敬意。人們深受感動的，並不是因為他曾經的苦難，而是他面對苦難的堅定、樂觀和勇氣，是他那顆熱愛生活、熱愛生命的感恩的心。

只有熱愛生活，熱愛生命的人，才能為自己的事業傾注足夠的熱情，才能在自己的領域中做出傑出的成就，正是由於霍金先生的這種對生活、對生命的熱情，才使他雖然身體遭受到病魔的無情摧殘，而內心世界卻有常人難以想像的平靜與多彩。

我們的生命是高貴的，只要用積極的心態對待生活、對待生命，我們就能夠從中汲取營養、迸發熱情，全身心地投入到實現目標的奮鬥之中，並最終實現人生目標，實現自我價值。

是的，有熱愛，生命才會有熱情，人生也才有意義。

閻立本千里學畫

唐代是人才輩出的時代，不僅在文壇上，在畫壇上也是如此。畫家閻立本一生中創作了大量人物肖像畫和歷史畫，畫中的人物性格鮮明、精神飽滿，十分傳神。經歷了一千多年的漫長歲月，流傳下來的〈步輦圖〉、〈凌煙閣功臣二十四人圖〉、〈歷代帝王圖〉和〈蕭翼賺蘭亭圖〉等，是繪畫藝術寶庫中不可多得的珍品。

不過，閻立本之所以能練就高超的、出神入化的畫技，跟他具有鍥而不捨的學習精神是分不開的。

閻立本很崇拜南北朝時期的畫家張僧繇，一直想親眼目睹他的真跡。有一次，他聽人說在荊州的一座古廟裡，存有張僧繇的真跡。聽到這個消息，他立即隻身踏上了去荊州的路。

從長安到荊州，路途十分遙遠，且道路崎嶇。一路上，閻立本吃盡苦頭，遇到了許多困難。但是，為了能把張僧繇的繪畫技法學到手，他不把這些困難當回事，只是不停地向前趕路。

最後，他好不容易到了荊州，顧不上休息，又立即尋找那座古廟。可是，他看到畫以後，看不出這些畫究竟好在哪裡，感到有點失望。心裡想：「唉，人們都說張僧繇的畫技高超，今天看來，恐怕也是徒有虛名吧！」

第二天，他又跑去觀摩，這一次他看得仔細多了。看著看著，他發現張僧繇的畫確有其獨到之處。原來，在國畫中，布局、筆墨、賦色、意境

這些都是非常講究的,凡是布局好,筆墨欠佳的,只能初看還好,卻經不起細看。而意境深遠、筆墨精妙的作品,往往因為不浮誇,乍看雖覺平常,看得久了,細細品味,就能體味出其中的無窮妙趣。張僧繇的壁畫,正是這樣的畫。閻立本佩服極了,自言自語地說:「張僧繇畫得這樣好,不愧是丹青聖手啊!」

為了把張僧繇畫畫的技藝學到手,第三天,閻立本又跑去看畫。這一次,他看得更仔細了,邊看,邊想,還和自己的畫法相比較,他越看越入神,不知不覺又過了一天。

為了不耽誤看畫,節省通勤時間,後來閻立本乾脆把行李搬來,睡在壁畫下面。從此,他白天看,晚上也看,對畫上的每一筆都不放過,細心地鑽研,體會其中的妙處。

就這樣,閻立本一直在壁畫前住了十多天,直到把壁畫的每一處都看懂了,把張僧繇的繪畫技巧熟記在心裡才離開。

人生是一個漫長的過程,只要心中懷有夢想,有熱情,長時間朝著自己的夢想奮進、奮鬥,一定能夠終償夙願。可見,熱情是一種多麼寶貴的情感呀!

如果一個人對一件事情沒有熱情,麻木不仁,他又怎麼可能做好這件事情呢?

鐘隱做僕求師

南唐畫家鐘隱以畫花鳥畫出名。他對自己的要求很高,總是不滿足於自己已經取得的成就,想繼續深造。

當時南唐有個花鳥畫畫技非常高超的畫家,叫郭乾暉。他畫的鷂子,看起來簡直跟活的一模一樣。鐘隱對他很仰慕,但一直苦於沒有機會學到他的畫技。因為郭乾暉很保守,從來不肯把筆墨技法傳授給別人。

　　鐘隱是個堅忍不拔的人，為了學到郭乾暉的畫技，他改名換姓，到郭家當僕人。

　　在郭家，鐘隱恭敬地侍候主人，端茶送飯，磨墨洗筆，什麼都做。一有機會，就偷偷地觀看郭乾暉作畫，將技法默默地記在心裡。

　　郭乾暉不知底細，見這位「僕人」起早睡晚，人很厚道，心裡慢慢喜歡上了他，作畫時就不再迴避他。畫到興奮時，還隨口講授作畫的訣竅。鐘隱在旁，一字一句牢記在心。

　　郭乾暉擅長畫鷂子，鐘隱就特別留意他這方面的技藝。幾個月後，鐘隱就掌握了郭乾暉的部分畫技。

　　有一天，鐘隱畫興大作，隨手在自己住房的牆壁上畫了一隻鷂子。不料，被別的僕人看見了，他們很驚訝，想不到他會畫得這麼好，就將這事告訴了郭乾暉。郭乾暉趕來一看，這樣的畫，絕非一般僕人能畫得出來的，還有點像自己的風格。回想起鐘隱平時的言行舉止，他頓生疑竇，問道：「你莫不是善於畫花鳥的鐘隱？」

　　鐘隱知道無法再隱瞞下去，便跪下來，講了事情原委，最後懇請郭乾暉收他為徒。

　　郭乾暉聽了鐘隱的一席話，深受感動，一邊扶他起來，一邊深情地說：「你為了學畫，竟然來給我當僕人，太過意不去了。能像你這樣苦心學畫的，實在不多見，我還有什麼理由不收下你呢？雖然我沒有什麼了不起的技藝，但樂意把它傳授給你。」

　　鐘隱聽了，立即行禮拜師。鐘隱十分珍惜這難得的學習機會，從此以後更加努力。經過一段時間的學習揣摩，鐘隱不但繼承了郭乾暉的繪畫技藝，還有所發展，有所創造，終於成了南唐著名的花鳥畫畫家。

　　即便自己的繪畫技術很好，鐘隱依然孜孜不倦地追求更高的境界。為

了能夠畫得更好，他甚至去當僕人，這樣的熱情，非常人所能比，所以，他才能獲得成功。

所以，一個人要想比別人成功，他所要做的就是投入比別人更多的熱情！只要做到熱情、執著、不鬆懈，再多的困難都可以戰勝，再險要的山峰都可以攀登。

蠟燭少爺

寇准是北宋時一位很有學問的人，他當過宰相，被史學家稱為頗有成就的名相和政治家。寇准小時候，經常站在擅長書法和繪畫的父親身旁，極有興趣地看父親寫字作畫。六歲那年，父親說：「孩子，我送你一套筆硯，你也學著寫字，好不好？」

「好呀！」寇準高興得跳起來。從此，寇准開始在父親的指導下，練習寫毛筆字。他自己磨好墨，把紙鋪開，照著父親寫的字，一筆一畫地臨摹，從不潦草，日復一日。與此同時，寇准也開始讀書。父親看他很用功，就當面對他母親誇獎說：「寇准真是個乖孩子。是啊！從小有志氣，長大才會有出息呀！」

寇准受到誇獎，學習的動力更足了。白天讀書寫字，到了夜裡繼續點著蠟燭讀書。

有一天夜裡，母親一覺醒來，發現寇准的屋裡還有亮光，窗戶紙上映出他坐著讀書的身影。她十分心疼，就走進去說：

「都什麼時候了，快睡覺吧！」

寇准說：「我不睏，讓我再看一下。」

母親「呼」地把蠟燭吹滅，寇准這才不得不上床去睡覺。母親怕兒子累壞了身體，第二天到寇准的房間，只留下一支蠟燭，把多餘的全「沒收」了。這天晚上，寇准在燭光下看書。當蠟燭快燃光時，想再燃一支，

卻找不到蠟燭了。他去向母親索取，母親說：「你每天晚上只能用一支蠟燭，用完了就睡。」寇准急得直跺腳，哀求母親，但母親不同意：「孩子，我這是為你好，怕你累壞了身體。」

「我身體很強壯，怕什麼呀！」寇准對母親不服，急中生智，想出其他辦法，去向僕人要蠟燭。他跑進僕人的房間，客氣地說：「給我幾支蠟燭好嗎？」

僕人見他客客氣氣的樣子，都願意給他蠟燭。如此一來，寇准又可以夜讀了。

可是，寇准老是向僕人索取蠟燭，僕人們開始感到奇怪：小少爺不向父母要，為什麼總向我們要蠟燭呢？有人問他。聽他一解釋，大家才恍然大悟，更加樂意提供他蠟燭，並且此後都親切地叫他「蠟燭少爺」。

這件事母親一直被蒙在鼓裡。她以為兒子只有一支蠟燭，夜裡讀書不會讀到很晚，所以，也就不太注意寇准什麼時間就寢了。這樣，寇准當了多年的「蠟燭少爺」，多讀了許多書。由於他一面刻苦讀書，一面堅持鍛鍊身體，平常生活非常規律，所以，頭腦裡有了豐富的知識，身體也很健康。

機會總是垂青於準備好的人，一個人天資再聰明，但如果不勤奮，缺乏做事情的熱情，同樣不可能得到成功的機會！

給家長的悄悄話

要想做好任何一件事，就必須投入極大的熱情；反過來說，對什麼事情投入極大的熱情，就什麼事情都能做好。孩子學習成績的好壞，往往取決於孩子對學習的熱情程度，孩子學習成績再好，如果缺乏熱情，終究也不會持久保持成績。

第十二章　「熱情」之火可以燎原

很多孩子對學習缺乏熱情，對他們而言，學習就像吃藥，苦不堪言，只要一提起學習，他們就情不自禁地皺起了眉頭。在學習時，這些缺乏學習熱情的孩子很難將注意力集中在所學的內容上，正因為如此，他們的學習成績比較差。那麼導致孩子學習缺乏熱情的原因有哪些呢？歸納起來，造成孩子缺乏學習熱情的原因有以下幾點：

◆ 願望太容易得到滿足。如今的孩子生活條件優越，想要什麼很輕易就能得到，因此很多孩子看起來對什麼都不在乎，成績一般沒關係，對班級幹部競爭沒興趣，比賽得不了名次也無所謂。

◆ 缺乏學習的動力。有的孩子沒有學習動力，缺乏學習熱情，把學習看成是一件苦差事，在學習中沒有目標，得過且過，其學習行為完全是一種被動的應付。表現在方法上，必然會死記硬背、投機取巧、沒有計畫。一個喪失學習動機的孩子，在學習上一定無精打采。

孩子缺乏上進心其實主要還是跟家庭教育有關。爸爸媽媽本身缺乏上進心，工作不思進取，生活上平平庸庸，更忽視孩子情感與智力方面的需要，對孩子沒有明確的行為指導和要求，平時極少和孩子談話、遊戲、講故事，壓抑了孩子的上進心。另外有些孩子則因為年齡較小，生性好玩，不能對自己做出正確評價，不能自我調節、自我監督，因此，不能自我教育、自我激勵。

事實上，孩子缺乏學習熱情，需要家長的耐心引導。做家長的，只要平常注意言傳身教，方法得當，孩子的學習熱情就能逐漸被激發出來，達到事半功倍的效果。

家長應如何激發孩子的學習熱情

◆ **家長應該經常與孩子分享學習的快樂**：當父母著迷於一場比賽、一門

藝術、一項科技成果甚至是一盤拿手菜時，別忘記了讓孩子一起分享你的喜悅。如果父母剛為讀了一篇好文章而感到興奮，也應該把自己的興奮感受告訴孩子，讓孩子知道到底是什麼讓大人們如此高興。雖然孩子還小，還不能充分感悟到其中的奧祕，但是這樣做至少能讓他感受到大人的學習熱情，這樣做還能向孩子傳達一種資訊：大人也喜歡學習，學習是一件快樂的事。

◆ **家長應該為孩子創設一個濃郁的學習氛圍**：有的家長害怕影響孩子的學習，把所有的課外書束之高閣，只讓孩子接觸課本與學習資料。其實，這種做法不僅會縮小孩子的知識面，還會造成孩子對學習喪失熱情。

◆ **創設成功體驗，激發孩子學習興趣**：很多孩子之所以缺乏學習興趣，是因為他們在學校沒有成功體驗。智力的發展有快有慢，有早有晚，一些在智力上發展緩慢的孩子，在學校很難出類拔萃，在同齡的孩子當中難免顯得「雞立鶴群」，學習興趣當然難以被喚起。因此，父母應該在家中給孩子多一些成功的體驗，讓他看到自己的潛力，看到自己的優點。

◆ **盡量少用獎賞做誘餌**：有些家長為了提高孩子的學習成績，往往以獎賞作為誘餌，承諾孩子取得什麼成績時給予什麼樣的獎勵。其實，透過物品或金錢作為刺激，只會減弱孩子主動學習的興趣，使得孩子把學習當做一個任務，而不是一件充滿樂趣和驚喜的活動。事實上，只有當孩子對一件事情由衷地感興趣時，他才能學得又快、又好、又開心。

◆ **鼓勵和表揚是很重要的一個武器**：任何人都需要鼓勵，需要表揚。對於孩子的成績，家長一定要看到。只要有進步，就要給予肯定、鼓勵和表揚，這樣就能激發孩子更大的熱情。

父母不應該這樣說

◆ 「**你一定要，你必須……**」：孩子的熱情不是強逼出來的，「你一定要，你必須……」這樣專橫的話語只會讓孩子產生抵觸的心理，讓孩子更加不愛學習。孩子有其自身的需求與判斷力，尊重孩子，給孩子選擇的權利，也許能換來孩子對你苦心的理解。

◆ 「**好好讀書吧！讀書好了，才能找到好工作，以後才會有好的未來。**」：這只會給孩子一種錯誤的判斷，讀書為了實現功利的價值，如果孩子對「學習」的價值感產生了偏差的認知，是很難去糾正的。

教子加油站

1. 讓孩子體驗到學習的樂趣，從而培養學習的興趣。
2. 保護孩子的求知熱情。因為內心充滿了求知的欲望，孩子能把這些求知的熱情化為前進的動力。他們會想方設法獲取知識，從而倍感榮耀。
3. 不必逼迫孩子，學習是他自己的事情，讓孩子明白學習對他非常重要，而且是需要自身去體驗的。

第十三章
善於觀察才有發現

　　觀察是一個人了解事物的重要途徑，是智慧的眼睛。對於孩子來說，觀察是他們了解世界的窗戶，是思維的觸角。孩子具備良好的觀察能力，就能獲得更多的知識和經驗。善於觀察的孩子，能夠從司空見慣的事物中發現奇蹟，也更容易找到成功的途徑。培養孩子觀察事物的能力，能讓孩子終身受益！

▌「觀察」是學習必備的能力

觀察能力是人們理解事物和獲取知識的過程中必須具備的能力。是在綜合視覺、聽覺、觸覺、嗅覺、方位和距離知覺能力、圖形辨別能力、理解時間能力等多種能力的基礎之上發展起來的。是形成智力的重要因素和智力發展的基礎。歷史上許多有成就的人，都是以有突出的觀察能力著稱於世的。

透過觀察能讓人更透澈地了解到自然、社會。養成了觀察的習慣，就如同登山者獲得了一把開山大斧，前進道路上的一切荊棘、迷霧都會被清理乾淨，隱藏在叢林深處的真理就會清晰地展現於眼前。觀察力是孩子完成學習任務的必備能力，是孩子今後走向成功的關鍵所在。

孩子學習知識需要從觀察開始，即使是間接地從書本上獲得知識，也離不開眼睛、耳朵感官的觀察活動。許多孩子學習成績不好的原因就是觀察力差，從而導致思考能力和判斷能力低下，由此可見，培養孩子的觀察能力是非常重要的。

觀察能力能夠說明孩子更好地認識世界，同時也是提高孩子能力、培養孩子創造性的重要途徑。孩子的觀察能力，影響著孩子對外界環境的感知程度。只有觀察能力較強的人，才會善於捕捉瞬息萬變的事物，才能夠發現那些看上去不起眼卻十分重要的細節。

觀察是創造的基礎，具備觀察能力對一個人的創造能力發展至關重要。所以，作為家長，我們應該從小就重視對孩子觀察能力的培養！

小提醒：了解孩子觀察能力是否強，可從兩個方面入手

1. 孩子的作業。作業能夠很準確地反映問題，如果孩子書寫的時候一撇一捺都相當到位，就說明你的孩子已經具備了一定的觀察能力。相反，如果孩子經常把字寫出田字格外，或者字的結構布局零散，就說明孩子不會觀察，家長要及時幫助。

2. 孩子在學習時的表現。比如學習某一個動作，觀察仔細的孩子，能夠很快掌握動作要領，而不會觀察的孩子通常學得都比較慢。這時候，家長不能著急，要慢慢引導。

從「畫家和牧童」談起

很多情況下，孩子是不會意識到觀察的重要性的。為了啟發孩子觀察的意識，讓孩子養成觀察的習慣，家長不妨給孩子講講〈畫家和牧童〉故事──

唐朝有一位著名的畫家叫戴嵩。他的畫一掛出來，就有許多人觀賞。看畫的人沒有不點頭稱讚的，有錢人還爭相競錢購買。《唐朝名畫錄》中說他畫牛能「窮其野性筋骨之妙」。

傳說有一次戴嵩的好朋友請他作畫。畫什麼呢？戴嵩沉思片刻，決定畫一幅〈鬥牛圖〉。他一下子濃墨淡抹，一下子輕筆細描，很快就畫成了。圍觀的人們看了紛紛稱讚。

「畫得太像了，畫得太像了，這真是絕妙之作。」一位商人稱讚道。

「畫活了，畫活了，只有神筆才能畫出這樣的畫！」一位教書先生讚揚道。

「畫錯啦，畫錯啦！」一個牧童擠進來喊著。

這聲音好像炸雷一樣，大家一下子都呆住了。這時，戴嵩把牧童叫到面前，和藹地說：「小兄弟，我很樂意聽聽你的批評，請說說什麼地方畫錯了？」

牧童指著畫上的牛說：「這牛尾巴畫錯了。兩牛相鬥的時候，全身的力氣都用在角上，尾巴是夾在後腿中間的。您畫的牛尾巴是翹起來的，那是牛用尾巴驅趕蚊蠅的樣子。您沒有看見過兩牛相鬥的情形吧？畫牛的人不懂鬥牛的道理，讓牛尾翹起來搖晃。」

戴嵩聽了，感到非常慚愧。他連連拱手，說：「多謝你的指教。」從此，戴嵩總會認真仔細地觀察事物再作畫。

孩子，做一件事情之前沒有觀察，難免會有出現漏洞。像戴嵩這樣著名的畫家，因為沒有認真觀察，居然被一個小牧童指出了錯誤。可見，認真觀察是多麼重要呀！

而大事件的釀成，也往往與不能細心觀察有著千絲萬縷的連繫。避免漏洞的唯一辦法就是認真觀察，了解清楚了再下手。

▍備選故事任你挑

吃煤油

觀察能力能夠說明孩子更好地認識世界，同時也是提高孩子能力、培養孩子創造性的重要途徑。孩子的觀察能力，影響著孩子對外界環境的感知程度。從學習知識的角度來說，觀察能力會直接影響到孩子學習成績的好壞。

有一個中學化學老師為了訓練孩子的觀察能力，帶了一杯煤油到教室。

上課時，老師讓每個同學仔細觀察自己的動作。他將右手的食指伸進煤油，然後再用舌頭舔右手的中指，並且裝出很開心的樣子說：「真好吃。」然後，他又讓每個同學照著他的樣子也嘗嘗。結果全班只有一個同學學會了老師的這一招。其他同學在嘗過之後，都大呼上當。

接下來，那位老師讓那個學會動作的同學說明情況。

這個同學說：「我看到老師舔手指的時候，用的不是伸到煤油裡的那根手指，而是另外一根。」

同學們這才恍然大悟！

孩子，在學習過程中，觀察也是非常重要的，它可能會直接影響到我們的學習成績。學會細緻地觀察事物，了解事物的本質，對我們的學習、生活、工作都大有裨益，這會讓我們免去許多困擾。

第十八種企鵝的發現

那天晚上，已工作一天的他，想輕鬆一下自己疲憊的身心，於是他來到一家電影院。

電影院裡正在放映《南極考察記》。影片講述著探險家們南極探險的稀奇故事，也不時地穿插一些南極動物企鵝、磷蝦和虎鯨，像是怕探險家們過於寂寞似的。

惹人喜愛的企鵝在銀幕上一出現，馬上就會爆發出滿場的笑聲。這種動物太可愛了，太滑稽了，簡直就是動物世界裡的卓別林。但他沒有笑，他眼睛睜得像銅鈴似的，看著企鵝們身穿黑色的燕尾服，在銀幕上昂首挺胸地表演著。

他太熟悉企鵝了。牠們的形態特徵、生活習性，他全都瞭若指掌，像

熟悉自己的家人一樣熟悉牠們。

但是，這天銀幕上的企鵝，雖然讓他熟悉，但也讓他感到陌生。他覺察到銀幕上的企鵝，絕對不是他熟悉的十七種企鵝中的任何一種。

雖然他的眼睛睜得很大，但怕看不清楚。他把座位向前移了一排，又移了一排，他的座位不停地向前移動，已從最後排移到最前排了，他的臉快貼到銀幕上了，但他還是沒有把這種企鵝看清楚。

於是他離開電影院，開始打聽探險隊。聽說探險隊在紐西蘭，他立即訂了機票，急急忙忙準備行囊，像追趕靈感似的飛往紐西蘭。到了紐西蘭才知道，探險隊又踏上新的探險征程。

他心裡非常懊喪。但又想，探險隊走了，但探險隊從南極帶回來的企鵝不會被帶走。他又開始四處打聽探險隊帶回來的動物的下落。焦急的心情，如同尋找自己忽然走失了的孩子。

「那些動物不是都拍進影片裡了嗎？和影片裡看到的相同，還打聽牠們做什麼？」有人不解地問他。

「探險隊把從南極帶回來的動物，全都放在動物園裡了。」有人輕描淡寫地告訴他。

而他卻如獲至寶，連飯都沒吃，餓著肚子就趕到了紐西蘭動物園，向企鵝館直奔過去。

那些企鵝們如往常一樣，穿著燕尾服，邁著紳士步，大搖大擺地走著，一副滑稽可愛的樣子。他比較著，端詳著，看著看著竟然大笑起來，笑得是那樣開心、那樣自信。像結識新朋友似的，他發現了不同於自己熟悉的十七種企鵝中任何一種的新企鵝 —— 第十八種企鵝。

電影場中有上千個觀眾，誰也沒有他如此幸運；探險隊中有許多動物學家，但也沒有他如此幸運。是他，發現了第十八種企鵝。

　　他之所以能發現第十八種企鵝，是因為他非常熟悉已經發現的十七種企鵝。

　　他，就是企鵝專家、德國著名動物學家 ── 柯爾姆。柯爾姆的發現，猶如在企鵝的世界裡發現了一顆新星。

　　即使是在休閒娛樂活動中，觀察也同樣具有不容忽視的作用，只有勤於觀察，我們才會有與眾不同的新發現。當然，勤於觀察，還應該做一個用心生活的人，不要視而不見，心態麻木的人，又怎麼可能發現新鮮的事物呢？

鐵軌會說話

　　父母要幫助孩子擬訂觀察的計畫，讓孩子明確觀察的對象、任務、步驟和方法，有計畫、有步驟地進行觀察。

　　焦滌非在念小學三年級時，一次跟父親來到鐵路邊。平時很愛觀察的焦滌非發現鐵軌是一節一節連接在一起的，而且兩節鐵軌連接之處都有縫。他想，為什麼不用一根長長的鐵軌卻在連接處留下一道道縫隙呢？

　　於是，他就問父親，父親答道：「因為鋼鐵會熱脹冷縮，如果用一根長長的鐵軌或接頭處不留縫隙，那麼鐵軌在炎熱的夏天就會膨脹變形，變得歪七扭八，火車就會出軌。」焦滌非聽後，仍感到疑惑難解。於是父親說：「若不信，可以自己測量測量。」

　　在父母的支持和幫助下，焦滌非透過觀察測量發現，溫度的變化是有規律的，氣溫每下降十一度，間隙就增大一公釐。經過近一年的觀察，他做了詳細的觀察記錄，同時還寫出了鐵軌熱脹冷縮的觀察報告，獲得了全國徵文比賽優秀獎。更重要的是，透過這一年的觀測行動，焦滌非不僅掌握了中學階段的相關物理知識，而且對觀察自然科學現象的興趣大大增加了。

讓孩子觀察的事物應該從簡單到複雜，觀察的範圍應該從小到大，觀察的時間應從短到長，這樣有計畫地指導孩子觀察事物，有利於逐漸提高孩子的觀察能力。例如，父母可以鼓勵孩子自己種一盆花或其他植物，每天觀察其變化，並寫觀察日記，父母則不斷給予指導。這樣，孩子由於在觀察過程中充滿了興趣，因此，往往可以觀察到豐富的內容，效果很好。再比如，父母可以讓孩子觀察父母怎樣做菜，然後讓孩子一邊觀察，一邊學著做。這樣，孩子不僅提高了觀察力，而且還鍛鍊了動手能力。

達爾文的觀察日記

　　達爾文從小就對動植物很感興趣，喜歡觀察動植物。年幼的達爾文出於對觀察的興趣，已經對自己搜集的標本做了一些簡單記錄，有的還附有簡單插圖。有一天，舅舅看了達爾文的摘記後，對他說：

　　「只做摘記是不夠的，你要把自己當做一個畫家，但不是用顏色和線條，而是用文字。當你描述一種花、一種蝴蝶、一種苔蘚的時候，你必須讓別人能夠根據你的描述立刻辨認出這種東西來。為了做好科學研究，必須進一步提升你的文字表達能力，要像莎士比亞那樣用文字描繪世界、敘述歷史、打動人心。」

　　聽了舅舅的話，達爾文特地準備了一個記事本，在以後的觀察中每次都把觀察結果認真地記錄下來，並加入自己的想法。

　　二十年後，達爾文根據多年來的觀察記錄寫出了演化論的著作，成為世界著名的生物學家。

　　觀察後要對觀察的結果有所記錄，這不僅是對觀察的總結，也是鞏固知識點，累積知識的一種好方法。隨著觀察資料的不斷累積和豐富，簡單的隨感式摘記顯得過於簡單，就需要寫觀察日記來總結觀察結果。

　　因此，父母要教孩子在觀察的過程中記錄相關情況，在一個階段後，

對自己的記錄進行整理，從而概括出觀察的結論。記觀察日記可長可短，字數不定，形式自由。

觀察需要問題

許多孩子觀察後就把觀察的過程放在一邊，這時，如果父母能夠在孩子觀察後進行提問，不但可以檢驗孩子觀察的結果，而且可以促進孩子確定觀察的內容和重點。

有一個十二歲的孩子非常喜歡鴿子，想嘗試養幾隻，父親允許了。男孩非常高興，從此他天天觀察鴿子的習性。

三個月後，父親想對孩子的觀察能力進行測試，於是，他問男孩：「你堅持每天在觀察鴿子嗎？」男孩說：「是的，爸爸。」「那麼，你肯定觀察了鴿子的生長發育過程，現在我來問問你。」「好的，爸爸。」男孩顯然非常高興，因為他觀察的事物終於有人感興趣了。

父親問：「你觀察到鴿子每隔多長時間產一次卵？」

男孩回答：「差不多一個月產一次卵。」。

父親問：「那麼每次產卵產幾個？」

男孩回答：「兩個。」

父親問：「鴿子產完卵要不要孵卵？一般是雌鴿還是雄鴿來孵卵？」

男孩回答：「雌鴿來孵卵，不過，我好像看到雄鴿也孵過卵，是不是雌鴿雄鴿接替孵卵的？」

父親問：「孵卵一般需要多少時間？」

男孩回答：「二十天左右。」

父親問：「剛出殼的小鴿子有什麼特點嗎？」

男孩回答：「小鴿出來的時候很弱小，閉著眼睛，羽毛還沒長好，走起路來搖搖擺擺的。」

父親問：「那小鴿子怎麼進食的？」

男孩回答：「小鴿子剛孵出來的時候，不會自己找食物吃，都是大鴿子餵給牠吃的。」

父親問：「大鴿子是怎麼餵的？」

男孩回答：「大鴿子好像先吃到自己胃裡，再用口餵給小鴿子吃。」

透過這種發問方式，父親不僅檢驗了孩子的觀察能力，而且啟發了孩子應該觀察事物的全過程，在觀察過程中注意細節、講究方法。

可見，生活中，父母應該鼓勵孩子多提問，可以要求孩子問父母、問老師，甚至問陌生人，然後透過不斷的觀察去找答案，並抓住事物的本質。父母要鼓勵孩子在觀察之後進行整理，把獲得的資料做必要的分析與綜合，從而得出科學的結論。

▌給家長的悄悄話

有專家分析：孩子做作業、考試時總看錯題目；寫字不是少了一撇就是多了一橫；做事情丟三落四等表現都跟孩子的觀察能力有關。實際上，孩子的觀察能力並不是天生就具備的，這與後天的引導是有很大的關係的。

孩子不善觀察的原因歸納起來，可總結為幾個方面 ——

◆ 孩子的個性毛躁，貪玩，所以沒有認真觀察的耐心，自然也就做不好事情：這個問題是年齡小的孩子普遍存在的問題，外界的誘惑力對他比較大，他自己經常被事情之外的東西吸引。

◆ 對自己做著的事情興趣不大，導致孩子不認真觀察：這一點我們是可以理解的，很難想像，一個原本定力就差的孩子能對自己不感興趣的

事物保持耐心與細心，對他們而言，也許能讓他們認真觀察的，只有他們喜歡、興趣的事情。

◆ 缺乏一定的引導，不明白什麼才算觀察：在日常生活中，家長沒有引導孩子學會觀察的意識，導致孩子不會觀察，也不明白什麼叫做觀察，這將導致孩子做事不著邊際、不知該從何著手、效率不高等問題。

◆ 家長太急躁，老是催促孩子快點做事情，讓孩子失去了觀察的耐心。

事實上，孩子的觀察能力是家長有意識地培養出來的，如果家長對孩子的教育都缺乏耐心，孩子又怎麼會養成做事情前先觀察的習慣呢？

總之，孩子的觀察能力是可以培養的，但需要家長有耐心。

如何培養孩子的觀察能力

◆ **要為孩子創造觀察條件，啟動孩子觀察的主動性，培養孩子的觀察興趣**：孩子本來好奇心強，求知欲旺盛，家長應很好地利用孩子這一天性，經常帶領孩子到大自然中去，讓孩子在盡情地玩耍之中，觀察萬物的悄然變化。去看春天的綠芽，夏日的鮮花，秋季的果實，寒冬的落葉，去聽蟬鳴鳥唱，這些都會引起孩子的興趣和思考。同時，家長在平時要指導孩子觀察，開闊孩子的眼界，充實孩子的知識和生活。比如，讓孩子觀察家裡養的花草、小魚，晚上帶孩子觀察星空，講講簡單的星系。白天觀雲，看到雲的流動，講一講「雲往東，一場空，雲往西，披蓑衣」等諺語的簡單道理，這樣做不僅使孩子從中學到知識，體驗觀察的樂趣，又能促使孩子多思考，從而培養和發展孩子的良好的觀察能力。

◆ **要提醒孩子觀察時的要點**：有些觀察不僅僅是要觀察某個物品的外表

185

的，還要進一步觀察內部結構。有的孩子喜歡將自己的玩具拆下來看過究竟，還有的孩子喜歡研究日常家用品甚至家用電器。家長應該根據孩子的年齡情況，有限度地讓孩子研究可以研究的東西，對孩子來說也是鍛鍊觀察能力的一種途徑。但是，不管是研究什麼家用物品，都應該提醒孩子觀察時的注意事項和要點。

◆ **引導孩子觀察，教給孩子觀察的方法**：觀察前，讓孩子明確觀察目的。孩子在觀察中，有無明確的觀察目的，得到的觀察結果是不相同的。比如，父母帶孩子去公園，漫無目的地東張西望，轉半天，回到家裡，也說不清看到的事物。如果要求孩子去觀察公園裡的小鳥，那麼，孩子一定會仔細地說出小鳥的形狀、羽毛的顏色、眼睛的大小、聲音的高低等。這樣孩子就能有的放矢地去觀察，從中獲得更多的觀察收穫。

觀察過程中，培養孩子學會合理的觀察順序。告訴孩子如何看，先看什麼，再看什麼，指導孩子抓住事物的主要特徵進行觀察。比如父母帶著孩子去動物園看大象時，就可邊看邊提出一系列問題讓孩子回答，如大象的身體大不大？牙齒長在什麼地方？鼻子有什麼特點？鼻子是做什麼的？等等。只有經過父母有意識的啟發，孩子才能學會正確的觀察方法。

教給孩子用多種感覺器官參加觀察活動。例如，色彩、形狀、聲音、氣味等，需要讓孩子看一看、摸一摸、聽一聽、聞一聞，有時甚至要嘗一嘗，只有這樣用多種感官去親自感受，才能使孩子獲得更好的觀察效果，留下豐富深刻的印象。

觀察過後，要求孩子口述觀察結果。這一要求會大大促進孩子觀察的積極性，並使觀察過程變得更仔細、更認真。

抓住孩子好奇心理，培養孩子觀察能力

當代著名物理學家說過：「好奇心很重要，要鑽研科學離不開好奇。道理很簡單，只有好奇才能提出問題，解決問題。可怕的是提不出問題，邁不出第一步。」

一個人對各種事物的好奇心越強烈，就越具有探索的眼光。如果一個人對周圍的事物都熟視無睹，就不可能發現新事物。正如愛迪生所說：「誰喪失了好奇心，誰就喪失了最起碼的創造力。」

一位男孩問父親：「爸爸，為什麼我們家陽臺裡的花和臥室裡的花的葉子顏色不一樣呢？」父親為了讓孩子更深刻地明白其中的原理，特地找來碘酒，為孩子做了一個實驗。

他把碘酒滴在經過光照的葉子上，葉子變成了藍色。父親對孩子說：「這是因為葉子上有個光合作用的產物——澱粉。」然後，他把碘酒滴在沒有經過光照的葉子上，葉子的顏色保持不變。父親告訴孩子：「這就是光合作用，陽臺上的花經過陽光的照射，葉子上產生了澱粉；而臥室裡的花由於缺乏陽光的照射，就沒有產生澱粉。對植物來說，空氣、水和陽光都是必需的。」由此，孩子學到了許多知識。

這位父親的聰明之處在於及時抓住了孩子的好奇心，透過實際行動讓孩子感覺到觀察的重要性。當然，在觀察之前，父母應該教孩子做好充分的準備。為觀察做準備的過程，同樣可以激發孩子對觀察事物的好奇心。

鼓勵孩子學會多角度觀察

達文西（Leonardo da Vinci）是歐洲文藝復興時期義大利的一位卓越的畫家。他從小愛好繪畫，父親送他到當時義大利的名城佛羅倫斯，拜名畫家安德烈·德爾·委羅基奧（Andrea del Verrocchio）為師。

委羅基奧並沒有教他怎麼畫畫創作，而是要他從畫雞蛋學起。達文西畫了一個又一個，足足畫了十幾天。最後，達文西終於無法忍受了，表現出極端的不耐煩。

目光敏銳的老師發現了，對他說：「不要以為畫蛋很容易。要知道，一千個蛋當中從來沒有兩個是形狀完全相同的；即使是同一個蛋，只要變換角度去看，形狀也就不同了。比如說，把頭抬高一點看，或者把眼睛放低一點看，這個蛋的橢圓形輪廓就會有差異。所以，要在畫紙上把它完美地表現出來，非得下一番苦功不可。」

達文西聽了，不由得信服地點了點頭。委羅基奧還說：「反覆地練習畫蛋，就是嚴格地訓練用眼睛細緻地觀察形象，用手準確地描繪形象；做到手眼一致，不論畫什麼都能得心應手了。」

在老師的教誨下，達文西茅塞頓開，他不僅學會了應該怎麼觀察事物，還學會如何思考問題。從此，他苦練基本功，經過長期艱苦的藝術實踐，終於創作出許多不朽的名畫，成為一代宗師。

多角度觀察不僅能夠提高觀察效果，還能培養孩子從多個角度思考問題的習慣。如果我們的家長能夠做到像委羅基奧那樣循循善誘，引導孩子多角度觀察事物，我們的孩子也一定能夠成為生活的有心人。

教子加油站：培養孩子觀察能力，家長應忌諱

1. 忌急躁。家長急躁、缺乏耐心，會讓孩子有壓力，孩子壓力太大，對自己觀察的事物必定會產生厭煩的心理。

2. 忌言語刺激。孩子最不喜歡聽的就是：「你也太笨了，這都沒有辦法發現等類似的問題。」給孩子一點提示、一些小甜頭，對孩子而言幫助更大，也更能激發他觀察的興趣。

3. 忌代勞。看到孩子沒有辦法觀察出來，家長就急著代勞，這對孩子的成長來說非常不利，容易養成孩子懶惰的性格。

4. 忌態度生硬。「這個你今天必須觀察出來，做好了。」這些生硬的話孩子不愛聽，而且話語干擾也影響孩子的觀察能力。

第十三章　善於觀察才有發現

第十四章
讓孩子不做「空想家」

　　只「空想」不動手，不能獲得真理。動手實踐是孩子探索世界的重要手段與重要方式！「眼見百遍，不如手做一遍。」這句話揭示的正是這個道理。動手實踐能力強的孩子視野更開闊，頭腦更聰明，更能適應時代的發展。

　　孩子在親身經歷、親身體驗的過程中，能真正感受到生活的情趣、知識的力量與科學的作用，這樣，孩子學習的主動性就會更強。所以，如果你的孩子懂得動手實踐，就一定能夠在這社會占有一席之地。

▌動手實踐好處多

　　動手能力是現在社會普遍重視的能力，實踐經驗的地位已經在現實生活中超越了單純的代表學識的文憑。培養孩子的實踐能力、實踐精神在當今社會已經形成共識。

　　實踐能力指的是人們有意識地改造自然、改造社會的能力。蘇聯教育家贊可夫特別強調對孩子進行手腦並用的實踐能力的培養。俗話說的「心靈手巧」，手巧，應歸功於思維靈活精細和具有創造性；心靈，則是動手實踐鍛鍊的結果。兩者息息相關，互為因果。

　　傑羅姆・布魯納（Jerome S. Bruner）認為：孩子的學習過程包括實物操作、表像操作和符號操作三個階段。而動手實踐則在於促成孩子進行實物操作，讓孩子在實物操作的過程中獲得最直接的體驗，這種體驗是最為寶貴的。

　　培養孩子動手實踐能力，能讓孩子對科學產生興趣，還可以培養孩子的創造力。許多偉大的發明都是在實踐中創造產生的。

　　培養孩子動手實踐能力，有利於提高孩子的綜合素養，促使他們各種能力都得到鍛鍊，讓孩子的身心得到更加健康的發展。

　　動手實踐有利於知識的生成。任何一個規律、任何一個法則，都有它自身形成的過程，如果我們只是注重了把這個規律、這個法則的結論告知孩子，卻忽視了規律、法則的形成過程，導致孩子只記住結論，卻不會探索道理，照此演化下去將最終缺乏探索新世界的精神；讓孩子動手實踐便是讓孩子經歷規律、法則的形成過程，讓知識在孩子的內心自然生成。

　　許多孩子的創造力強、智力比較高，這是因為他們的家長不僅讓孩子學習書本知識，而且還注意培養孩子的動手能力，動手能力強的孩子更容易適應未來的社會，走上成才的道路。

　　培養孩子動手實踐能力，還可以避免孩子養成「好逸惡勞」的壞習慣，密切人與人之間的關係，孩子在動手過程中，更懂得珍惜家長對自己的付出，而這種對家庭的責任感最終會轉移到學習上，使孩子對學習產生一種責任感。從人成長和發展的角度來看，書本知識的掌握和生活經驗的累積，應該是學習不可或缺的兩個方面。

　　從小培養孩子動手實踐的能力，能讓孩子終身受益！在今後的人生中，孩子只要勇於實踐、敢於實踐、樂於實踐，他就不會離自己想要的目標太遠。

> **小提醒：怎樣才算動手實踐？**
>
> 1. 日常生活中，自己穿衣吃飯。對年幼的孩子來說，穿衣吃飯就是他們的實踐活動，從小培養孩子自己的事情自己做，能讓孩子獨立性與動手實踐的能力更強。
> 2. 折紙，做手工。這些活動能讓孩子小手變得更加靈巧起來。
> 3. 畫一畫、量一量。這些事情看來不過是小事，但對培養孩子的動手能力很有幫助，孩子能從中體會到動手的樂趣。

▎講個「池塘裡有幾個柳丁」的故事

　　實踐是檢驗真理的唯一手段。很多時候，單憑想像是沒有辦法得到真正的答案的，要想找到準確的答案，唯一的辦法就是動手檢驗。如果你的孩子缺乏動手去做的主動性，不妨找個機會講講〈池塘裡有幾個柳丁〉的故事給他聽——

西班牙有位叫彼得一世的國王，他對於很多人來說，是正義的象徵。這天彼得一世宣布他將公開選拔大法官。有三個人毛遂自薦，一個是宮廷的貴族，一個是曾經陪伴國王南征北戰的勇敢武士，還有一個是普通的教師。於是，國王離開王官，率領眾人來到池塘邊。

池塘裡漂浮著幾個柳丁，「池塘上一共漂浮著幾個柳丁啊？」國王問貴族，貴族走到池塘邊，開始點數：「一共是六個，陛下。」

國王沒有表態，繼續問武士同樣的問題：「池塘裡一共漂浮著幾個柳丁啊？」「我也看到六個，陛下。」武士甚至沒有走近池塘就直接回答了國王的問題。

國王沒有說話，「池塘裡有多少個柳丁啊？」最後他問教師。

教師什麼也沒說，徑直走近池塘，脫掉鞋子，進到水裡，把柳丁拿出來：「陛下，一共是三個柳丁！因為它們都被從中間切開了。」

「你知道如何執法，」國王說，「在得出最後結論之前應該先證明，並不是所有我們看到的都是事物的真相。」

孩子，站在岸上的人是永遠學不會游泳的，要想真正學會一件事情，就必須去做。這個故事告訴我們的也正是這個道理。單憑看到的現象去斷定事，物，往往會得出一個錯誤的答案，而只有動手實踐，才能知道事情的真相。

在生活中，我們一定要做一個積極主動的人，凡事多動腦、多動手，這樣，才能最終驗證自己的推理是否正確。也只有用這樣的態度學習，才能學到真正的知識。

備選故事任你挑

鴨子和水牛專家

　　有很多孩子想像力豐富，說起話來很有邏輯，但在實際操作的過程中，結果往往是一塌糊塗。所以，培養孩子動手實踐的能力很重要。

　　老水牛因為經驗豐富、品性正直，頗受動物們的尊重。由於牠生活在水邊，熟悉河道的深淺，故而被大家尊稱為「水位專家」。

　　有一次，小馬要過河，被老水牛阻止了，理由是水流湍急，太危險了。小馬不相信，執意過河，結果差一點淹死，多虧被老水牛救上岸。這樣一來，老水牛「水位專家」的名號更響了。

　　這一天，一隻小鴨子聽說河對岸的沼澤地裡有很多小魚蝦，決定過河覓食。老水牛見狀立即阻止道：「孩子，河水很深，前些日子小馬都沒辦法過去，你就更不行了！」

　　小鴨子想了想說：「情況不一樣，我會游泳，小馬不會，我想我應該沒有問題。」

　　老水牛聽完後很生氣，嚴厲地說：「如果連我這個水位專家的話你也不相信，那麼後果自負，你愛怎樣就怎樣吧！」

　　在旁邊看著的松鼠也插嘴道：「不信老水牛的話，我看你要倒大楣了！」

　　小鴨子遲疑了一下，最後還是鼓起勇氣游過河，結果成功了。小鴨子在沼澤地裡一邊吃魚蝦，一邊對老水牛說：「水牛大叔，不是我不相信您的專業，而是可能有些事情您也不了解呢。」

　　不可否認，專家在大多數情況下對於本專業具體情況的判斷和分析都會很準確、很到位，但是有時候也難免出現一些不準確的情況。比如，他

第十四章　讓孩子不做「空想家」

們如果並不了解事物的本質，就可能使判斷失效。所以，要想知道自己的
能力如何，不妨自己試試，也許事情跟專家說的並不一樣！

心中的頑石

阻礙我們去發現、去創造的，僅僅是我們心理上的障礙和思想中的
頑石。

從前，有一戶人家的菜園擺著一塊大石頭，寬度大約有四十公分，高
度有十公分。到菜園的人，不小心就會踢到那一塊大石頭，不是跌倒就是
擦傷。

兒子問：「爸爸，那塊討厭的石頭，為什麼不把它挖走？」

爸爸這麼回答：「你說那塊石頭嗎？從你爺爺時代，就一直放到現在
了，它的體積那麼大，不知道要挖到什麼時候，沒事挖石頭，不如走路小
心一點，還可以訓練你的反應能力。」

過了幾年，這塊大石頭留到下一代，當時的兒子娶了老婆，當了
爸爸。

有一天妻子氣憤地說：「菜園那塊大石頭，我越看越不順眼，改天請
人搬走好了。」

丈夫回答說：「算了吧！那塊大石頭很重的，可以搬走的話我小時候
就搬走了，哪會讓它留到現在啊？」

妻子心底非常不是滋味，那塊大石頭不知道害她跌倒多少次了。

有一天早上，妻子帶著鋤頭和一桶水，將整桶水倒在大石頭的四周。

十幾分鐘以後，妻子用鋤頭把大石頭四周的泥土攪鬆。

妻子早有心理準備，可能要挖一整天，沒想到幾分鐘就把石頭挖起
來，看看大小，這塊石頭沒有想像中那麼大，都是被那個巨大的外表矇
騙了。

196

不去做怎麼可能知道真正的結果呢？猶如那塊大石頭，因為想像它是很大的，無法移動，所以一直都沒有採取行動，自然就不可能發生改變與轉機的。有時候，你改變一下自己的想法，多試一試，也許就找到了自己想要的答案了！所以，做比不做重要！

小馬過河

在嘗試之前，我們往往很難知道自己的實力，只有嘗試了，才能知道自己的能力達到什麼程度。如果你的孩子總是喜歡「望難而退」，也許，聽聽〈小馬過河〉的故事對他會有所幫助。

小馬和牠的媽媽住在綠草茵茵的美麗的小河邊。除了媽媽過河替河對岸的村子送糧食的時候，牠總是跟隨在媽媽的身邊寸步不離。

小馬過得很快樂，時光飛快地過去了。

有一天，媽媽把小馬叫到身邊說：「小馬，你已經長大了，可以幫媽媽做事了。今天你把這袋糧食送到河對岸的村子裡去吧！」

小馬非常高興地答應了。牠駅著糧食迅速地來到了小河邊。但河上沒有橋，只能自己游過去。不知道河水有多深，猶豫中的小馬一抬頭，看見了正在不遠處吃草的牛伯伯。小馬趕緊跑過去問道：「牛伯伯，那河裡的水深不深呀？」

牛伯伯挺起牠那高大的身體笑著說：「不深，不深。才到我的小腿。」

小馬高興地跑回河邊準備走過河去。牠剛一邁腿，忽然聽見一個聲音說：「小馬，小馬別下去，這河很深啊！」小馬低頭一看，原來是小松鼠。

小松鼠翹著牠漂亮的尾巴，睜著圓圓的眼睛，認真地說：「前兩天我的一個同伴不小心掉進了河裡，河水就把牠捲走了。」小馬一聽猶豫了。牛伯伯說河水淺，小松鼠說河水深，怎麼辦呢？只好回去問媽媽。

馬媽媽老遠地就看見小馬低著頭駅著糧食又回來了。心想牠一定是遇

到困難了，就迎過去問小馬。小馬哭著把牛伯伯和小松鼠的話告訴了媽媽。媽媽安慰小馬說：「沒關係，我們一起去看看吧！」

小馬和媽媽又一次來到河邊，媽媽讓小馬自己去測試看看河水有多深。小馬小心地試探著，一步一步地走過了河。牠明白了，河水既沒有牛伯伯說得那麼淺，也沒有小松鼠說得那麼深。只有自己親自試過才知道。

小馬深情地向媽媽望了一眼，心裡想：「謝謝你，親愛的媽媽。」然後牠轉頭向村子跑去。牠今天特別高興，你知道是為什麼嗎？

有知識的人不實踐，等於一隻蜜蜂不釀蜜。實踐的重要性毋庸置疑，一個人，無論多麼志向遠大，但不去實踐，都只是妄想。只有在實踐中去行動，去運用自己的能力，才能知道自己真正的能力。

「才高八斗」的狐狸

在森林裡，住著一隻見識廣闊、滿腹經綸、在社會上頗有地位的狐狸。這隻狐狸熟讀理論，常以專家自居，喜歡滔滔不絕地發表長篇大論。

有一天牠外出，遇到一隻從森林外來的小花貓。閒談中，小花貓仰慕狐狸的「才高八斗」，因此便虛心請教。

小花貓問道：「尊敬的狐狸先生，近來生活困難，您是怎樣度過的？」

狐狸說：「什麼？你這隻可憐的花貓，每天只會捉老鼠，你有什麼資格問我如何生活！真不識抬舉！你學過什麼本領？說來聽聽！」

小花貓很謙虛地說：「我只學會一種本事。」

「什麼本事？」

「如果有隻獵狗向我撲來，我就會跳到樹上去逃生。」

「唉，這算什麼能力？我可是精讀百科全書，掌握上百種武術，我身邊還有滿袋的錦囊妙計呢！你太可憐了！讓我教你逃脫獵狗追逐的絕招吧！」

說著狐狸想從袋於中尋找妙計。剛巧，這時一群獵人帶了四隻獵狗迎面而來。小花貓敏捷地縱身跳上一棵樹，躲藏在茂密的樹葉中。小花貓大聲向驚慌得不知所措的狐狸說：「狐狸先生，趕快解開你的錦囊，拿出脫身妙計來吧！」

語畢，四隻獵狗已撲向狐狸，將牠抓住了。

小花貓嘆息道：「唉，狐狸先生，你會十八般武藝，卻不會使用一招半式。如果像我一樣懂得爬樹，你就不會落得這種淒涼的下場了！」

很多人講起道理來頭頭是道，似乎非常了不起，事實上，到了需要應用的時候卻不知所措。其實，一個人空擁有多少理論並不重要，重要的是能不能將這些理論應用到實際中去呢？知識只有轉化到行動中，才能解決問題！

琳達的點心食譜

琳達有一次在保加利亞旅行時，深深地為當地的一位婦女製作的一種名叫「Garashtorte」的精美甜點所折服。為此，對其念念不忘的琳達特意討教了這種點心的食譜。食譜上稱需用十個雞蛋和其他調料。回家後，琳達按照食譜如法炮製，結果竟弄得一塌糊塗。但琳達並未灰心喪氣，在又一次旅行時，她請這位保加利亞婦女又替她示範了一遍，琳達詳細地觀看了甜點製作的全過程並做了詳盡的紀錄。但回家後，她又一次做壞了。

琳達對此百思不得其解，同樣的食譜和方法，為什麼會有兩種截然不同的結果？

後來，在烹飪協會舉辦的聚會上，在琳達準確地描述了製作甜點的過程後，一位烹飪愛好者直截了當地說琳達的配料太軟了。「十個雞蛋，太軟，為什麼不嘗試減掉幾個呢？」他認為可能是雞蛋放得太多所致。

那瞬間，琳達恍然大悟。「為什麼不嘗試減掉幾個呢？」琳達馬上想

到，保加利亞的雞蛋普遍較小，更像是美國的中型雞蛋，而她每次做甜點時都是用十個大的美國雞蛋。回家後琳達第三次按照食譜去做時只放了七個大的雞蛋，一番努力後終於如願以償 ── 又美又香的甜點首次成功「出爐」。

「為什麼不嘗試減掉幾個呢？」這真是一語道破天機。琳達前兩次失敗的原因就是因為太看重食譜，存在著思考的惰性。

仔細想想，生活中這樣的例子不勝枚舉。有很多事情看起來很難解決，但是實際上解決它們的方法並不太難，根本原因就是沒有主動地突破自己的思維定式，跳出傳統的思維模式，成功其實就是跳出框框這麼簡單。

所以，要想你的孩子成功，讓孩子根據自己的實際情況來解決問題特別重要。學會因時、因地制宜才能獲得生機。

▍給家長的悄悄話

實踐證明，動手實踐能力強的孩子潛力更強。凡事他們都想試一試、做一做，以找出真正的答案。而那些缺乏動手能力的孩子通常膽小怕事、懶惰、遇事只會尋找他人的幫助、缺乏主見等。

孩子的這些特性並非一朝一夕養成的，這跟家庭教育、學校教育等有很大的關係。歸納起來，使孩子動手實踐能力差的原因有幾個方面 ──

◆ 家長對於孩子的事情，過多的包辦代勞，使孩子失去了動手實踐的機會，久而久之就失去了應該具有的能力。專家認為，家長包辦孩子的一切是對孩子的極度不信任，會使孩子失去很多鍛鍊的機會，這就等於告訴孩子，我們不相信你的能力，對孩子的自信心有很大的打擊，對孩子今後的人生有很大的影響。

◆ 孩子依賴性強，缺乏實踐精神。這些孩子喜歡把希望寄託在別人的身上，希望能夠得到直接的答案，而不是透過自己的實踐得到的。

◆ 學校教育中，教師沒有強調實踐的重要性，為了課程進度，教師往往會直接給孩子一個標準答案，而不是給他們實踐的空間和時間，讓他們自己去獲取答案。

◆ 孩子浮躁的心理，他們並不喜歡所謂的實踐，認為那樣太浪費時間，還不如去玩。因為玩與實踐不能等同，所以導致孩子實踐能力缺乏。

總之，造成孩子不愛實踐的原因有多方面，作為家長，我們應該因勢利導，從故事中，從生活中培養孩子的實踐能力。

讓孩子體驗到實踐的樂趣

一般說來，孩子的好奇心強，他們願意自己動手拆卸、組裝東西。看到剪刀、小刀、鋸子他能很快地切斷紙布、木頭，他們會想：為什麼刀能把紙剪成兩半？為什麼鋸子來來去去就可以把木頭鋸斷呢？為什麼小刀能把蘋果皮削下來呢？他們不但會提出問題而且會想盡一切辦法在大人不注意的時候自己動手試上一試。例如，有的孩子看到小刀可以削掉蘋果皮，就會用小刀子削梨子，或者用小尺子去試著削蘋果，看看能不能削下來。這一舉動，就是孩子進行嘗試性的創造活動。

動手能力與創造性活動是密不可分的，當孩子想動手做某些事情的時候，家長就可以給孩子講一下簡單的道理，並做一些示範，然後，再讓孩子進行模仿。例如，讓孩子剪一個三角形、正方形、五角星，等等。經過幾次動手練習之後，孩子就會剪出比例合適、角度正確的圖形。這時，孩子就會產生一種成功的喜悅，激發起更大的動手能力和創造欲。

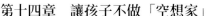

讓孩子自己承受後果

很多情況下，你孜孜不倦的教誨頂不了一次現實的教訓，如果孩子並不喜歡你告訴他道理，那家長應該讓他自己去體驗。

某大學心理系的張教授和他的妻子帶著孩子前往演講，一下飛機，住進飯店，張夫人告訴孩子，換好衣服，等一下要出去吃飯。不久，七歲的兒子換好了短袖短褲，三歲的女兒穿著一條紅裙子就走了出來。當地氣溫比較低，媽媽應該提醒孩子多穿一點才對，但媽媽什麼也沒說，和大家一起出了門。

不久，孩子就感覺有點冷了，媽媽看著他們發抖的樣子，一句話也沒說，從背包裡拿出外套遞給兄妹兩人，孩子們二話不說就穿上了。

張夫人這樣做的好處是鼓勵孩子自己做決定，同時又讓孩子自己去承受行為帶來的後果，穿得少就要受寒，下次孩子就會注意天氣的變化。

日常生活中，多給孩子動手的機會

在日常生活中，家長也還可以讓孩子自己動手剝雞蛋，讓他先敲一下，再一點點地把雞蛋殼剝下來，殼上還要盡量不帶蛋白。經過多次練習，孩子就會熟練地自己剝雞蛋了。這對靈活運動孩子的手指、腕部關節，提升實作能力是十分有益的，同時，還能培養孩子的耐心。因此，培養實作能力並不一定需要花很多錢，只要家長肯動腦，用家裡日常的東西，照樣能培養出心靈手巧的孩子。

給孩子準備一個工具箱

有的家長眼光遠大，很善於教育孩子。他給孩子準備了一隻工具箱，裡面放入尺、小螺絲刀、小剪刀、針線等工具，讓孩子做一些力所能及的修補工作，如修理舊玩具，與家長一起修理自行車、煤氣灶、鐘錶之類的

傢俱等。這樣一方面可以培養孩子的實作能力，掌握一定的技能，同時，也可以培養孩子勤儉節約的意識，讓孩子體會到實作的快樂，從而增進孩子與家長之間的感情。

家長不能說的

◆ **打擊孩子積極性的話 ──「我就不相信你能把這件事情做好。」**：這無非是在打擊孩子，告訴孩子，你的能力不行，我不相信你，這對孩子的成長是不利的，容易讓孩子產生自卑的心理。試想，如果總有人告訴你這樣做不行，你還有做事情的興趣嗎？大人都如此，孩子亦然。

◆ **急於求成的話 ──「我不是告訴你答案了嗎？你寫上就可以了，還要用尺量做什麼？」**：孩子完成自己的作業，他做的是自己應該做的事情，家長著急是沒有用的。如果孩子有自己動手的興趣，家長不妨讓他自己動手，這樣孩子對知識的理解、記憶可能會更深一些。

◆ **責怪孩子的話 ──「都告訴你別做了，你還做，現在好了，把事情攪得一團糟了。」**：孩子第一次把事情弄得一團糟，第二次把事情弄得一團糟，你怎麼知道他第三次就不能做好了呢？如果你一味地壓制孩子，不讓孩子自己做，這就可能會打擊了孩子做事情的積極性。

教子加油站：家長須知

1. 對孩子學過的知識，引導他在生活實際中加以運用。
2. 鼓勵孩子多參加社會實踐活動，孩子不僅僅需要在實踐中檢驗理性的知識，也需要檢驗一些感性的知識。
3. 多帶孩子去參加一些航模等興趣小組，能讓孩子體驗到動手實踐的樂趣。

第十四章　讓孩子不做「空想家」

第十五章
把「困難」轉化為力量

　　很多家長擔心自己的孩子遭受太多的困難與挫折,為了讓孩子能過得順利一點,他們為孩子築起了一道又一道堅實的堡壘。殊不知,孩子在學習的路途上磕磕碰碰,遇到挫折和困難是在所難免的,挫折與困難也是人生的一筆財富,只有勇敢迎接困難的挑戰,才能形成堅強的意志。

　　為了讓我們的孩子變得更加有「戰鬥」力,家長們應該擺脫「過度保護」的教育方式,讓孩子自己去面對學習中遇到的困難。這樣才能獲得成功!

▎怕困難的孩子沒出息

　　人們常說：「困難像彈簧，你弱它就強。」有位教育家說過：如果孩子的生命是一把披荊斬棘的刀，那麼挫折就是一塊不可缺少的「砥石」，刀只有經過磨礪，才能變得更加鋒利。

　　對於孩子來說，學習中的難題是他們面臨的第一個困難。遇到難題時，使學習目標的實現受到阻礙。怕困難的孩子把主動權交給了他人，為了得到不動腦筋的目的，這些孩子索性不做，等著老師給標準答案。這樣，堆積的問題多了，孩子慢慢就成了「後進生」，對孩子的學習與成長都相當不利。而勇於面對學習困難的孩子，會積極動腦、想方設法尋求答案，有一種不達目的誓不甘休的盡頭，正因為如此，這樣的孩子學習成績往往比較突出。

　　學習的辛苦也是孩子遇到的困難。在辛苦、枯燥的學習生活中，孩子很容易洩氣、迷惘、失落。這時候，害怕辛苦的孩子千方百計要擺脫這樣的生涯，外界的誘惑會抓住這個孩子抵抗力最弱的時刻向他們襲擊過來：電視的呼喚、電腦遊戲的吸引，不時催促著孩子推開眼前的書，放棄努力，成為它們的俘虜。如果孩子沒有頑強的自制力，沒有戰勝困難的決心，他們是很難抵制這些誘惑的。而能夠直面困難的孩子，知道什麼東西對自己是重要的，他們會極力去抵制這些誘惑，慢慢的，就能度過這些辛苦的時期，收穫得累累碩果。

　　除了學習上，在孩子的一生中，同樣也可能遭遇這樣或者那樣的困難，如果孩子一味逃避，只可能成為一個缺乏責任的懦夫。

　　所以，要想讓孩子在未來獲得成功，培養孩子積極應對困難與挫折的能力是必要的。只有勇於應對挫折與困難的孩子，才會認真尋找問題的關鍵所在，以便採取對策，扭轉對自己不利的局面。

學會面對困難，經過磨練的孩子，將來一定是個意志堅強的人，一定能在未來競爭激烈的社會中很好地生存。相反，一個害怕困難的孩子，今後一定沒有多大出息。

> **小提醒：你的孩子能勇敢面對困難嗎**
>
> 1. 敢於面對困難的孩子，在遇到難題的時候，通常會先動腦思考解決，如果依然無法解決，才會求助於他人。
> 2. 能夠面對困難的孩子，總是表現出很強的意志力，他們會克制自己，有做完事情再去玩的決心。
> 3. 懂得面對困難的孩子，能從困難與挫折中吸取經驗，比如摔倒了，自己爬起來，以後知道只要小心，就不會摔倒等
>   一般情況下，孩子的自制力低下，主動克服困難的可能性比較小，所以，家長要多鼓勵，讓孩子產生自己的問題能自己解決的信心。

從「小毛蟲的勇氣」談起

在生活中，我們經常遇到這樣的孩子：一遇到難題就放棄或者求助於別人，更有一些意志薄弱的孩子面對難題時手足無措，甚至哭泣……面對這樣的孩子，家長千萬不要著急，多鼓勵孩子，培養他們戰勝困難的勇氣。

因為，小毛蟲就是這樣克服困難的 ——

一天，一條小毛蟲在朝向太陽升起的方向爬行。在路上，牠遇見了一隻蝗蟲。

小毛蟲告訴蝗蟲說：「我要去山頂看整個山谷，因為我昨晚做了這麼一個夢。」

蝗蟲驚訝地說：「你瘋了？對於你來說，一塊石頭就是高山，一個水坑就是大海！你怎麼可能爬到山頂呢？」小毛蟲笑了笑，沒有理會，繼續往前爬。

爬著爬著，小毛蟲遇到了螳螂。螳螂見小毛蟲爬得那麼吃力，也問了同樣的問題。當牠了解小毛蟲的夢想後，笑著說：「有健壯腿腳的我，都沒這麼狂妄過。你一條小小的毛蟲也敢這麼想呀？」小毛蟲不顧嘲笑，繼續前行。

隨後，蜘蛛、鼴鼠、青蛙和花朵都以類似的方式勸小毛蟲放棄這個念頭。但小毛蟲始終沒有放棄。

最後，小毛蟲累得筋疲力盡，實在爬不動了。牠停下來，用盡全身力氣，築了一個蛹，把自己嚴嚴實實地包在了蛹裡。

一天，小毛蟲貝殼狀的蛹突然裂開，一隻美麗的蝴蝶出現在大家面前。最後，美麗的蝴蝶飛到了山頂上，重生的小毛蟲終於實現了夢想！

多麼勇敢堅強的小毛蟲呀！為了自己的夢想，遇到再多的困難也不怕。在我們學習的道路上，同樣也會遇到很多難題，遇到難題怎麼辦呢？是放棄還是繼續努力？當然是努力了，不努力，怎麼能成功呢？

▍備選故事任你挑

兩顆種子，兩種人生

春天到了，輕柔的風吹拂著睡眼惺忪的大地，萬物開始復甦。這個時候，兩顆種子也醒了，它們正躺在一片肥沃的土壤裡憧憬著各自的未來。

第一顆種子說：「我一定要努力生長！我要向下扎根，讓生命在土壤

裡變得堅強！我要『出人頭地』，讓莖葉隨風搖擺，歌頌春天的到來！我還要開出美麗的花朵，結出豐碩的果實，給這個大地增添沁人的花香，為人們提供醉人的果實。這樣我既可以感受春暉照耀臉龐的溫暖，也可以體會晨露滴落花瓣的喜悅和生命成熟的歡欣！」

第二顆種子聽後皺著眉頭顫抖地說：「我沒有你那麼勇敢！我若向下扎根，也許會碰到堅硬的石塊；我若用力往上鑽，可能會傷到我脆弱的莖；我若長出幼芽，難保不會被蝸牛吃掉；我若開出美麗的花，只怕小孩看了會將我連根拔起；我若結出果實，恐怕還會被不勞而獲的傢伙偷偷摘去。我還是等情況安全些再做打算吧！」

於是它繼續瑟縮在那一片它自認為十分安全的土壤裡。幾天後，一隻母雞在庭院裡覓食，這就這樣不聲不響地進了母雞的肚子。

第一顆種子一直在努力生長著，這期間它受過傷，挨過凍，被人踩踏過，被蝸牛啃齧過。但是它始終沒有忘記自己的夢想。每當寒夜侵襲，一切都沉寂下來的時候，它不時地感受到一股難以抑制的孤獨和淒涼，但它總是一遍一遍地對自己說：「我不能放棄，也不會放棄！因為我有夢想啊！」

終於有一天，它長大了，開出了嬌豔的花朵，結出了累累的果實。它笑了，很開心！

孩子，有夢想的人生是多麼可貴的呀！因為心中有夢想，就不會害怕，不會憂傷。即使遇到再大的困難，也能夠克服！在我們學習的過程中，如果遇到困難，就多想想知識的鮮花是多麼芳香，知識的果實是多麼甜美吧！只有這樣，你才能夠積極地面對挑戰。

厲歸真深山畫虎

厲歸真是五代時期的一位畫家。他善畫山水，尤其喜歡畫猛禽、牛、虎。厲歸真自幼刻苦學畫，勤奮不輟。他畫的牛千姿百態，栩栩如生，當

第十五章　把「困難」轉化為力量

時人們稱讚他畫的牛遠遠看過去就像活的一樣。

當時，人們很崇尚虎之雄風，喜歡在中堂掛一幅虎圖。於是，人們紛紛求他畫虎。而厲歸真卻只善畫牛，不會畫虎。所以，他決心學習畫虎。

開始時，厲歸真畫的虎總帶有牛的影子，然而，他並不灰心，心想：「不入虎穴，焉得虎子」，我從未見過真老虎，僅靠模仿如何能畫好真老虎？於是，他告別了家人，決心見識一下老虎。

厲歸真隻身一人，背上行李和乾糧，翻山越嶺，進入老虎經常出沒的深山老林。他在一棵大樹上搭了個窩棚，隱蔽下來，伺機觀察老虎的行蹤。山中一片原始林莽，古樹參天，怪石嶙峋，松濤陣陣，虎嘯狼嚎，十分嚇人。但厲歸真膽大志堅，毫不畏懼。

每當黃昏，有猛虎從他棲居的樹下出沒時，他忘記了一切，只是聚精會神地仔細觀察老虎坐、臥、跑、跳以及捕食、發威等各種神態，牢記在心，並抓緊時機速寫一張張難得的素描。就這樣，他在深山住了許久，累積了大量生動的資料。回家後，厲歸真更是細心揣摩，認真練習，終於掌握了畫虎的要旨。從此，他畫的虎生氣勃勃，威武雄壯，人們紛紛上門求畫，名聲大振。這時，行家稱讚他畫的虎，毛色明潤，像真的一樣！

「困難像彈簧，你弱它就強。」在學習中遇到困難時，如果你一開始就認定自己智力、能力不如人，先自洩了氣，漸漸的，你與困難對抗的勇氣就會慢慢被腐蝕掉。

其實，成績不只和一個人的智力、能力有關，更主要的是由一個人善於與困難對抗的勇敢精神所決定的。如果一個人不善於頑強地學習，不敢正視困難，一遇到困難就打退堂鼓，那麼，即使他有絕頂的聰明、超人的能力，也不會取得好成績。

難度超高的樂譜

一位音樂系的學生走進練習室。在鋼琴上，擺著一份全新的樂譜。

「超高難度……」他翻著樂譜，喃喃自語，感覺自己對彈奏鋼琴的信心似乎跌到谷底，消靡殆盡。已經三個月了！自從跟了這位新的指導教授，不知道為什麼教授要以這種方式整人。勉強打起精神後，他開始用自己的十指奮戰、奮戰、奮戰……琴音蓋過了教室外面教授走來的腳步聲。

指導教授是位極其有名的音樂大師。授課的第一天，他給自己的新學生一份樂譜。「試試看吧！」他說。樂譜的難度頗高，學生彈得生澀僵滯、錯誤百出。「還不成熟，回去好好練習！」教授在下課時，如此叮嚀學生。

學生練習了一個星期，第二週上課時正準備讓教授驗收，沒想到教授又給他一份難度更高的樂譜，「試試看吧！」上星期的課教授也沒提。學生再次向更高難度的技巧挑戰。

第三週。更難的樂譜又出現了。這種情形持續著，學生每次在課堂上都被一份新的樂譜所困擾，然後把它帶回去練習，接著再回到課堂上，重新面對更高難度的樂譜，卻怎麼樣都追不上進度，一點也沒有因為上週練習而有駕輕就熟的感覺，學生感到越來越不安、沮喪和氣餒。教授走進練習室，學生再也忍不住了，他必須向鋼琴大師提出這三個月來何以不斷折磨自己的質疑。

教授沒開口，他抽出最早的那份樂譜，交給了學生。「彈奏吧！」他以堅定的目光望著學生。

不可思議的事情發生了，連學生自己都驚訝萬分，他居然可以將這首曲子彈奏得如此美妙、如此精湛！教授又讓學生試了第二堂課的樂譜，學生依然呈現超高水準的表現……演奏結束後，學生怔怔地望著老師，說不出話來。

第十五章　把「困難」轉化為力量

「如果，我任由你表現最擅長的部分，可能你還在練習最早的那份樂譜，就不會有現在這樣的程度……」鋼琴大師緩緩地說。

一個人，往往習慣做自己所熟悉、擅長的事情。而對自己認為有難度的領域，往往不敢涉足。實際上，這種畏難的情緒將會導致我們很多事情都沒有辦法做成功。

在學習中也是同樣的道理，如果我們只學習自己擅長的功課，對自己不擅長的學科不敢嘗試，不知不覺中就喪失了解決難題的能力，這樣是永遠都無法取得進步的。只有勇於挑戰困難，在看似緊鑼密鼓的挑戰下，難度漸升的環境壓力下，我們才能不知不覺間取得自己意想不到的成就。

被趕出餐館的報童

美國著名的保險業大亨 —— 克里蒙・斯通，幼年喪父，家中一貧如洗。他和許多窮孩子一樣，當起了報童。他滿懷希望地走進一家飯館，還來不及叫賣，就被老闆連踢帶打地趕了出來。

第二次進去，又被踢了出來。小斯通不想再繼續了，但想起母親因替人洗衣服而滿是傷口的手，他第三次走了進去。客人們被這個不要命的小男孩嚇到了，出於同情，他們說服老闆允許斯通在這個餐館賣報。

雖然受了皮肉之苦，但口袋裡裝了不少錢。報童生活賦予了斯通一種鍥而不捨的精神和思考的習慣。

十六歲那年，他開始嘗試推銷保險。當他站在一幢辦公大樓的門口時，當年第一次賣報的情景瞬間浮現在眼前。他渾身發抖，但還是咬著牙走了進去。這次他沒有被踢出來，他賣掉了兩份保險。他堅持不懈，遭受了很多白眼和挫折，也從中累積了不少推銷經驗。他走遍了密西根州，業績也在逐步提高。

二十歲那年，他來到芝加哥，開了一家保險公司。在基礎穩固後，他

逐步把生意擴展到全美各州。西元一九二〇年代末,公司已經初具規模。正當一切似乎一帆風順的時候,美國經濟大恐慌的時代來臨,保險業也開始蕭條。斯通並沒有灰心,他從一千名業務員中留下訓練有素的兩百名,與他們共同推銷、交流經驗,創造了亮眼成績。

大恐慌反而讓斯通大賺了一筆,他又趁機買下幾家即將倒閉的保險公司,成了美國的保險業大王。

我們都知道,賣報和賣保險都是充滿了挫折的營生工作,但無數次的拒絕卻能學會如何被接受、怎樣爭取機會。一個人之所以能夠抓住別人抓不住的機會,是因為他們懂得從挫折與困難中獲取經驗,這樣,才能慢慢地獲得成功。

兩塊石頭

深山裡有兩塊石頭,第一塊石頭對第二塊石頭說:「去經一經路途的艱險坎坷和世事的磕磕碰碰吧!能夠努力嘗試,不枉來此世一遭。」

「不,何苦呢,」第二塊石頭嗤之以鼻,「安坐高處一覽眾山小,周圍花團錦簇,誰會那麼愚蠢地在享樂和磨難之間選擇後者,再說那路途的艱險磨難會讓我粉身碎骨的!」

於是,第一塊石頭隨山溪滾湧而下,歷盡了風雨和大自然的磨難,依然義無反顧而執著地在自己的路途上奔波。第二塊石頭譏諷地笑了,它在高山上享受著安逸和幸福,享受著周圍花草簇擁的暢意,享受著盤古開天闢地時留下的那些美好的景觀。

許多年以後,飽經風霜,歷盡滄桑、風塵之千錘百煉的第一塊石頭和它的家族已經成了世間的珍品、石藝的奇葩,被千萬人讚美稱頌,享盡了人間的富貴榮華。第二塊石頭知道後,有些後悔當初,現在它也想投入世間風塵的洗禮中,然後得到像第一塊石頭擁有的成功和高貴,可是一想到

要經歷那麼多的坎坷和磨難，甚至瘡痍滿目、傷痕累累；還有粉身碎骨的危險，便又退縮了。

一天，人們為了更好地珍存那石藝的奇葩，準備為它修建一座精美別緻、氣勢雄偉的博物館，建造材料全部使用石頭。於是，他們來到高山上，把第二塊石頭粉了身、碎了骨，為第一塊石頭蓋起了房子。

孩子，困難和挫折可以磨練人的意志，只有經歷了困難與挫折的人，才能變得更加有價值、有內涵，也更容易成材。如果一個人遇到些微的困難、挫折，就止步不前，永遠不可能收穫成功的希望的！

▍給家長的悄悄話

害怕困難的孩子通常會找各種理由和藉口搪塞，他們動不動就會說：「哦，這太難了，我不會。」「我的能力有限，沒有辦法做到。」「你說該怎麼辦？」遇到問題，他們不是積極想辦法解決，而是千方百計逃避。面對這樣的孩子，家長們往往不知道該從何下手教育。在他們看來，這是孩子的性格問題，是無法糾正的。實際上，孩子害怕困難的心理並非天生就有的，而是後天養成的。

要想解決孩子害怕面對困難的缺點，我們需要先找出造成孩子害怕困難的原因。

- ◆ **家庭的教育**：孩子在學習中一遇到難題，家長不是耐心地幫助孩子找到困難的原因，幫助孩子掌握科學的學習方法。而是全權代勞，這樣，孩子以後一遇到困難，首先想到的是讓家長為自己解決，而不是自己去尋找解決問題的辦法。

- ◆ **太順心，適應不了困難**：不少孩子從小受到父母的關心照料，自己提出的需要很容易從父母那裡得到滿足，可以說是順利慣了。當學習難

度加大，不能再依賴父母的幫助時，在學習過程中難免不斷地碰釘子，學習自然不那麼順利了。這時候，讓他們突然培養出面對困難的能力，對孩子而言還是有難度的。

◆ **與孩子的學習動機有關**：學習動機不同，引起了學習態度上的明顯差別。學習動機明確的孩子，能認真學習，表現出強烈的求知欲望。因此在學習時動力十足、意志堅定、標準高，能主動戰勝困難，從而取得良好的學習效果。而學習動機不明的孩子，認為自己是為父母學習的，所以，也不可能積極地去解決問題。

◆ **與孩子的意志力有關係**：學習意志力強的孩子具有不達目的絕不罷休的堅持；具有學習時不需別人提醒督促的自覺；具有在困難面前不低頭，千方百計克服困難的頑強；具有學習時善於冷靜而理智地控制自己情緒與行為的自制力。而意志力差的孩子即便很想提高學習成績，卻因為害怕困難，所以總是沒有辦法學好。

當孩子學習遇到困難的時候，家長切不可輕易斥責，應仔細觀察分析，找出確切的原因。幫助他們克服學習困難是非常必要的。

訓練孩子積極面對學習困難，自己解決難題

◆ **培養兒童學習興趣**：有很多孩子智力良好，也沒有浮躁的性格特徵，但因為缺乏學習興趣，所以，一遇到難題就打退堂鼓，導致家長「一問三不知」。針對這樣的孩子，聰明的家長們通常會從培養孩子的學習興趣入手，如問一些趣味小問題讓孩子解答，如果孩子答對了，家長通常會告訴孩子：「你解決問題的能力很強，如果學習中也能這麼積極解決問題，肯定學習很棒。」這就激發了孩子學習的興趣，為孩子積極面對難題奠定了自信的基礎。

◆ **了解孩子的心理，家長平時細心觀察，因勢利導，就能收到成效**：了解孩子學習心理的特點，知道孩子困難的原因，給孩子多一點啟發、多一些引導，慢慢地，孩子就不會那麼害怕難題了。

◆ **教給孩子解題思路和方法，讓孩子嘗到解決難題的樂趣**：家長要耐心地幫助孩子找到困難的原因，幫助孩子掌握科學的學習方法。孩子做作業遇到困難時，家長只能給予講解和啟發，鼓勵孩子自己克服困難，讓孩子嘗到自己解決難題的樂趣，這樣，孩子學習的主動性會變得更強。

當孩子遭遇學習困難時，希望家長做的

◆ 當孩子學習上遇到困難時，家長注意培養孩子吃苦耐勞的特質，常常鼓勵孩子在遇到挫折時要善於動腦筋，幫助孩子分析如何解決遇到的困難，幫助建立勇於克服困難的勇氣，開導他們要以積極的心態面對生活中的挫折。

◆ 當孩子學習上遇到困難時，家長應給孩子精神援助，透過聊天來排解孩子對待挫折的態度，使孩子懂得如何克服困難，並將它轉化為前進的動力，這樣在孩子和家長之間建起一座心靈的橋梁才是最重要的。

◆ 多給孩子講解或讀報刊，讓我明白挫折與困難的含義，並讓孩子了解名人克服困難、戰勝挫折的故事。讓孩子從他人的身上得到啟發。

教子加油站：與孩子共同成長

1. 家長要和孩子建立真正意義上的平等，而不是一種對孩子居高臨下或對孩子俯首貼耳的所謂「平等」。

2. 孩子遇到困難時，切忌批評指責，而是要用具體對策去幫助他度過難關。

3. 真誠讚揚孩子的優點和進步，不可對孩子期望過高，動不動就與別人攀比，要求孩子去做那些高不可攀的事情。只有這樣，孩子才能獲得更多的勇氣與信心。

第十五章　把「困難」轉化為力量

第十六章
孩子考試失敗怎麼辦

　　每個家長都希望自己的孩子出類拔萃。實際上，這樣的期望對孩子而言是一種沉重的負擔。背負著這樣的負擔，孩子的學習沒有什麼快樂可言。

　　如果我們關注孩子的內心，便會了解到，考試失敗了，孩子比大人更擔心、更害怕，他們擔心別人的嘲笑，害怕家長的責罵。這時候，家長若能以平常心對待，告訴孩子：人的一生不可能總是一帆風順，失敗總是難免的，只要吸取經驗，是可以重新獲得成功的。孩子可能會從家長的理解與撫慰中得到些許安慰，從失落中奮發，重新激起學習的鬥志與信心。

害怕「失敗」何來成功

在人的一生當中，不可能總是事事都順心如意的，有時候，難免有寒風襲來、冷雨吹來、意想不到的失敗到來。失敗不可避免、不可左右，但對於失敗的態度卻可以由人決定。每一個人，因為對待失敗的態度不同，所以之後的收穫也不同。

縱觀歷史，那些出類拔萃的偉人之所以能取得成功，正是因為他們能正確對待失敗，從失敗中獲取教益，從而踢開失敗這塊絆腳石，踏上了成功的大道。春秋末期，孔子五十七歲時周遊列國，遭到無數次的冷落和打擊，沒有一個君主採用他的治國學說。他潛心治學，整理《詩》、《書》、《春秋》等西周文獻，辦私學培養「三千弟子，七十二賢人」，成為世界最偉大的教育家和儒家學說的創始人。西漢時期司馬遷因為李陵事件遭受腐刑，他忍受難以啟齒的屈辱，以頑強的毅力發憤著文，完成了史學巨著《史記》，彪炳千秋，光照萬代，開創了紀傳體通史的先河。發明家愛迪生，一生中經歷的失敗不計其數，單是為了一項發明，他就經歷過八千次失敗的實驗，他說：「我為什麼要沮喪呢？這八千次失敗至少使我明白了這八千個實驗是行不通的。」這就是愛迪生對待失敗的態度，他每每從失敗中吸取教訓，總結經驗，從而取得了一項項建立在無數次失敗基礎之上的發明成果。所以，失敗固然會給人帶來痛苦，但也能使人有所收穫，「失敗是成功之母。」

生活中有這麼一些現象，當拿到考卷或成績單時，有的孩子因成績理想而喜悅；有的孩子卻因考試失敗而傷心，特別是那些一向成績優秀的孩子，在考試失敗以後往往要承受更大的挫敗感。而家長們看到孩子取得好成績就喜笑顏開，看到孩子成績不理想就怒言相對，這對那些考試失敗的孩子來說，更是一種打擊。

　　因為打擊，導致孩子害怕失敗。他們因此鬱鬱寡歡，心情沉重；有的因偶爾一次成績不理想而萌生離家出走的念頭；有的採取塗改考試分數的做法來對付家長；有的索性作弊等。以「分」為重，「分分」計較，還會導致孩子學習觀的偏差，使他們誤以為讀書的目的只在於分數，而忽略了求知的真正意義。學生之間考分的激烈競爭，使得他們原本純潔的心靈變得冷漠無情、心胸狹窄，這些問題是十分值得重視的。

　　所以，當孩子失敗時，家長的態度很重要。如果家長能以積極樂觀的態度看待孩子的失敗，安慰孩子，勸解孩子從失敗中受到教益、總結經驗、繼續努力，孩子同樣能夠培養出積極樂觀的心態。敗不餒、勝不驕，這樣的孩子更容易踏上成才之路。

　　而害怕失敗，往往會導致孩子畏畏縮縮、不敢嘗試、停滯不前，這樣的孩子，必不會有太大的作為。唯有敢於嘗試失敗，才能獲得最後的成功，這是真理！而害怕失敗其實就是恐懼成功。

小提醒：了解孩子面對失敗的能力

1. 當考試失敗時候，很多孩子傷心流涕，這不代表孩子不能正視自己的失敗，是說明孩子懂得發洩自己的情緒。當孩子情緒平靜以後，不妨看看孩子接下來的行動。如果他依然努力，說明孩子能夠從失敗中得到啟示，如果孩子從此一蹶不振，一定要說明孩子走出失敗的陰影。

2. 擔心失敗的孩子在考試來臨的時候，往往情緒不太穩定，這時候，家長一定不要給孩子施加壓力，拍拍孩子的肩膀，幫孩子緩解壓力，孩子可能會發揮得更好。

▍講個「愛因斯坦的第三個小板凳」的故事

　　孩子的承受力有限，往往因為一次考試失敗就否定了自己的能力。這樣的孩子容易自卑、不自信。導致今後做什麼事情都害怕失敗。但你的孩子正面臨失敗時，不妨給他講個〈愛因斯坦的第三個小板凳〉給他聽，也許，他一聽便能破涕為笑呢！

　　愛因斯坦小的時候，一次工藝課上，老師讓同學們做一個小板凳。

　　下課了，同學們爭先恐後地拿出自己的作品交給女老師。愛因斯坦急得滿頭大汗也沒有做好，女老師寬厚地望著他，對他說：「沒關係，我相信你明天能交出一個好作品。」

　　到了第二天，愛因斯坦交給女教師的是一個很粗糙的小板凳。滿懷期望的女教師看著這個板凳，生氣地說：「你們誰見過這麼糟糕的凳子？」

　　同學們紛紛搖頭。這時，老師看著愛因斯坦說：「我想，世界上不會再有比這更壞的凳子了。」霎時間，教室裡響起了一陣哄笑聲。

　　愛因斯坦紅著臉，走到老師面前，肯定地說：「有，老師，還有比這更壞的凳子。」

　　教室裡一下安靜下來，大家都望著愛因斯坦。

　　只見他走回自己的座位，從書桌下拿出兩個更為粗糙的小板凳，說：「這是我第一次和第二次做的，剛才交給老師的是第三次做的小板凳。雖然它並不使人滿意，可比起前兩個品質好一些。」

　　這時候，老師驚訝得說不出話來。

　　就是這樣一個小時候連板凳都做不好的孩子，長大以後卻成了一名偉大的科學家。我們難道能說一次的失敗就是一生的失敗嗎？失敗了不要緊，要緊的是，這一次失敗了，你下一次能比這次進步一點點嗎？每天進步多一點，日積月累，你的進步就會十分驚人。遲早有一天，你會成為你

所從事的領域當中的巨人。

巨人不是生來就有的，愛因斯坦就是最好的例子。他這種不怕失敗、大膽探索、鍥而不捨的精神正是一個真正的科學家最需要具備的高貴特質。沒有它，就沒有從千萬次失敗中站起來的成功者；沒有它，人類就不會將觸角伸向越來越遙遠的太空；沒有它，人類就不會從一個進步走向另一個進步！誰都沒有權利輕視和低估一顆追求進步的心！所以，只要你有一顆追求進步的心，你就可以成功。

▎備選故事任你挑

十年日記十年「不」

在倫敦的一家科學檔案館裡，陳列著英國物理學家法拉第寫了十年的一本日記。這本日記非常奇特：

第一頁上寫著：「對！必須轉磁為電。」

以後，每一天的日記除了寫上日期之外，都是寫著同樣一個詞：「No（不）。」從西元一八二二年直到一八三一年，整整十年，每篇日記都如此。

只是在這本日記的最後一頁，才改寫上了一個新詞：「Yes（是的）。」

這是怎麼回事？

原來，西元一八二〇年，丹麥物理學家奧斯特發現：金屬線通電後可以使附近的磁鍼轉動。這引起法拉第的深思：既然電流能產生磁，那麼磁能否產生電流呢？法拉第決心研究磁能否生電的課題，並決心用實驗來回答。

十年過去了，經過實驗－失敗－再試驗……法拉第終於成功了！

他在歷史上第一次用實驗證實了磁也可以生電，這就是著名的電磁感應原理。這個著名的原理，導致了發電機的誕生。

法拉第在這本寫了長達十年的日記中，真實地記錄了他不斷失敗和最後獲得成功的過程。那一天一天所寫的「No」，就是一次一次的失敗；那最後一天所寫的「Yes」，就是試驗的最終成功。

法拉第正確對待多次失敗的十年日記，表面看起來似乎顯得那樣的單調和乏味，可是換個角度看失敗，給人的啟發又是那樣的豐富和深刻：

多次的失敗並不表明你一無所獲，而是表明你得到了寶貴的經驗。

多次的失敗並不表明你必須放棄，而是表明你還要更加堅持不懈。

多次的失敗並不表明你永遠無法成功，而是表明你還要花些時間。

多次的失敗並不表明你浪費了時間、生命，而是表明你在集中精力攻破具有非凡價值的難關。

多次的失敗並不表明你背時、揹運，而是表明你在嘗試和探索中獲得快樂。

多次的失敗並不表明你不如別人，而是表明你尚有差距。

正因為如此，我們說「失敗乃成功之母」！

再試一次

遇到一道難題時，很多孩子往往因為不會，索性放棄。殊不知，也許，再想一想，嘗試一下其他方法，就能得到答案。對於缺乏堅持力的孩子來說，〈再試一次〉告訴孩子的正是這個道理。

有個年輕人去微軟公司應徵，而該公司並沒有刊登過招聘廣告。見總經理疑惑不解，年輕人用不太嫻熟的英語解釋說自己是碰巧路過這裡，就貿然進來了。

總經理感覺很新鮮，破例讓他一試。面試的過程中，年輕人表現糟糕。他對總經理的解釋是事先沒有準備，總經理以為他不過是找個托詞下臺階而已，就隨口應道：「等你準備好了再來試吧！」

一週後，這位年輕人再次走進微軟公司的大門，這次他依然沒有成功。但比起第一次，他的表現好很多。

總經理給他的仍然是上次一樣回答：「等你準備好了再來試。」

就這樣，這個年輕人前後五次踏進微軟公司的大門，最終被公司錄用，成為公司的重點培育對象。

目標實現的過程是艱難的，很多人不成功並不是沒有目標，而是缺乏「再試一次」的毅力和勇氣。只要你敢於再試一次，你就有可能從自己「跌倒」的地方站起來，就有可能獲得成功！成功從來都是屬於有勇氣的人的！

懦弱的鯊魚

生活中有這麼一些孩子，他們因為考試中遇到一次失敗，從此一蹶不振，對這一學科失去了信心與興趣，認為自己再怎麼努力也沒有辦法學好。面對這樣的孩子，家長不妨給他們講講〈懦弱的鯊魚〉的故事，也許，從鯊魚的身上，他們能夠看到自己。

有人做過這樣一個實驗：將一隻凶猛的鯊魚和一群熱帶魚放在同一個池子裡面，然後用強化玻璃將池子隔成兩半。熱帶魚在東邊，鯊魚在西邊。實驗人員每天都在東邊的池子中投放一些鯽魚，所以鯊魚也沒缺少獵物。

最初，鯊魚並不甘心只是拿一些小小的鯽魚來填飽肚子，牠對西邊的熱帶魚垂涎得要命，總想嘗試那鮮美的滋味，每天不斷地衝撞那塊看不到的玻璃，但始終過不去。連續十天，牠試了每個角落，每次都用盡全力，弄得傷痕累累，甚至有幾次全身破裂出血。每當玻璃出現裂痕，實驗人員就會馬上加一塊更厚的玻璃。

經過無數次的嘗試，鯊魚終難如願。後來，鯊魚索性不再衝撞那塊玻璃，對那些斑斕的熱帶魚也不再注意，好像牠們只是一幅掛在牆上會動的

壁畫。牠開始等著每天固定出現的鯽魚，然後用牠敏捷的本能進行狩獵。

　　實驗到了最後階段，實驗人員將玻璃取走，但鯊魚卻沒有反應，每天總是在固定的區域游著，牠不但對那些熱帶魚視若無睹，甚至於當那些鯽魚逃到另一側，牠也會立刻放棄追逐，再也不願過去。實驗結束，實驗人員譏笑牠是海裡最懦弱的鯊魚。

　　因為以往的失敗經歷，就失去了嘗試成功的勇氣，這確實是懦弱的表現。如果我們僅僅因為一次小小的失敗，就放棄了向前進，我們是永遠不可能得到成功的體驗的。所以，不怕失敗，越挫越勇，才有可能找到一線轉機！

橡膠的發明

　　開發出一種堅實耐用足以承受飆車和飛車競逐的橡膠，可不像現在一些人想像的那般輕而易舉。

　　如果你知道製造輪胎的橡膠是查理斯‧固特異（Charles Goodyear）發明的，你或許並不感到吃驚，畢竟他是發明家中首位名字與最終發明有連繫的人。

　　事實上，如果說有誰本應該放棄他一生的夢想，那麼這個人就是固特異。固特異曾在監獄裡度過了一段時間，身邊朋友紛紛離他而去，他的幾個孩子也都過著飢腸轆轆的日子。儘管如此，他仍不知疲倦地追尋著自己的夢想。那是西元一八三〇年代，一個飢寒交迫的動盪年代。最初，固特異對原始橡膠經過兩年的研究，仍毫無成果，迫於生活壓力，只好領著一家老小搬到一間廢棄的工廠居住。

　　正是在這個工廠，固特異獲得了重大突破：他採用酸性物質消除橡膠的粗糙表面，令其變得堅實耐用。然而，在政府購買了一百五十個由這種橡膠製作的郵袋後，這種袋子就沒有再賣出去。它們都不同程度地存在缺

陷。固特異再次陷入到孤立無援的絕境。終於，在西元一八三九年，好運降臨到固特異的頭上。

那一年的某一天，在計算等式再次失敗後，失落的固特異獨自走進一間雜貨店。見到這位不修邊幅的倒楣鬼時，人們像遇見新奇的動物一樣駐足觀看，並對固特異大肆嘲笑。盛怒之下，固特異揮舞起拳頭，他身上帶著的一塊橡膠此時恰好掉到滾燙的爐子裡。固特異在查看了烤焦的橡膠殘骸後，他意識到自己終於發現了製造耐用、不受氣候影響的橡膠的方法。

固特異的「輪胎帝國」由此誕生了。

孩子，有些時候，失敗是通往成功最可靠的墊腳石，只要我們肯研究、利用失敗的經驗，便可能從失敗中培養出成功的果實。

薛西弗斯的故事

薛西弗斯因為在天庭觸犯天條，被天神懲罰，降到人世間來受苦。天神對他的懲罰是：每天要推一塊石頭上山。

每天，薛西弗斯都要費很大的力氣把那塊石頭推到山頂，然後回家休息。可是，就在他剛把石頭推到山頂準備休息時，石頭又會自動地滾下來。於是，薛西弗斯再一次把那塊石頭推到山頂。

就這樣，薛西弗斯所面臨的是永無止境的失敗。天神要懲罰薛西弗斯，也就是要折磨他的心靈，使他在「永無止境失敗」的命運中，受苦受難。

可是，薛西弗斯不肯認命。他認為只要自己不認輸，就一定會成功，他想透過勤奮來打動上蒼。

每次他推石頭上山時，天神都打擊他，告訴他不可能成功。薛西弗斯不肯在成功和失敗的圈套中被困住，一心想著：推石頭上山是我的責任，只要把石頭推上山頂，我的責任就盡到了，至於石頭是否會滾下來，那不

關我的事。

　　當薛西弗斯再次努力把石頭推到山上時，他的心中顯得非常平靜，因為他安慰自己：即使今天失敗了，明天還有石頭可以推，明天尚未失敗，明天還有希望。

　　天神因為薛西弗斯的不斷努力，終於被他的勤奮打動，於是就允許他回到天庭。

　　堅持是可貴的，能夠在失敗面前不妥協，相信經過自己的努力可以打動別人，轉敗為勝，這需要的不僅僅是能夠勇敢面對失敗的勇氣，還需要有足夠的自信。因為相信自己、了解事物的本質，所以堅持才有意義，才有希望！

▌給家長的悄悄話

　　害怕失敗的孩子往往自卑感強，擔心被別人看不起，做事情畏畏縮縮，不敢爭取，對於失敗，他們有一種由衷的恐懼感。這樣的孩子內心往往脆弱，經不起打擊。這種情況讓人憂心。家長們「愛之深、責之切」，總千方百計想讓孩子變得膽子大起來，有作為、有魄力起來。實際上，家長們忽略了，問題的癥結可能就在自己身上。自己過於看重孩子的「成功」而忽略了給予孩子「失敗」的挫折教育。以下是一些孩子對於家長在自己失敗時的一些做法的回饋。

- ◆「如果我考試成績差了，爸爸媽媽對我很冷漠，甚至罵我。」
- ◆「爸爸媽媽老在別人面前說東道西，老是拿別人和我比。」
- ◆「他（父親）覺得我不聽話就打，他自己都是對的。我期望父母能讓我更獨立一點，不把我當小學生。」

◆ 「在我記憶中，爸爸媽媽從來沒有對我進行過挫折教育。我期望爸爸媽媽能在我失敗時鼓勵我，不要只在我進步時來關心我。」

◆ 「當我做錯事時，爸爸就會教育我、開導我，但有時說話比較重，傷害到我的自尊。」

當然，孩子一些家長，在孩子遇到「失敗」與「挫折」的時候熟視無睹。這導致孩子不能正視自己的失敗、了解自己的失敗，從而對「成功」或者「失敗」都持無所謂的態度，導致孩子「不思進取」。

總之，對於孩子的「失敗」，家長既不能麻痺大意，又不可過於責難。應該讓孩子積極看待自己的成敗，吸取經驗教訓，吸取親情力量。以一顆寬容的心對待孩子，說明孩子擺脫失敗的陰影，重樹信心，從而獲得成功。

對於孩子的「失敗」，家長應從以下幾個方面入手

◆ **家長要轉變觀念，從過度關注孩子的學習向關注孩子的全面發展轉化**：家長一定要從兩眼緊盯成績向看孩子的綜合發展轉化。不要不切實際地要求孩子去追求他難以實現的目標。而且一旦孩子在學習中遇到挫折，家長要主動安慰，幫孩子調整心態，使他們順利度過難關。告訴孩子在學習中遇到挫折時，不必垂頭喪氣，要勇敢、正確地面對它。如果孩子面對失敗，家長還埋怨他，只能是火上澆油，會使孩子對挫折產生恐懼，感到自己無可救藥，乾脆破罐破摔。

◆ **要保持和孩子良好的溝通**：只有在良好的溝通基礎上，孩子才可能主動把他們遇到的問題講給家長。如果家長只喜歡接受孩子好的方面，而難以接受孩子的不良行為，那麼有可能遭到家長批評、反對的事，孩子就可能不說了。當我們獲知了關於孩子的令人瞠目的事情時，家

長一定要冷靜，控制住自己的情緒，不要圖自己的一時之快，把火氣發在孩子身上，要克制住自己，要堅決地和孩子站在一起，説明他跳出陰影，走向光明。

◆ **家長要提高個人修養，珍惜家庭生活，給孩子營造一個和諧的家庭環境**：一些家庭因特殊原因在做出解體家庭的決策，請三思而行，同時要考慮到對孩子的影響。一旦成為單親家庭，監護人必須要加倍重視和孩子的溝通，關注孩子的心理健康。

◆ **不應以憐憫的態度對待孩子，或者在孩子面前唉聲嘆氣，甚至劈頭蓋臉地責罵孩子**：正確的方法是讓孩子明白，失敗、錯誤沒什麼大不了的，人人都可能碰到，勇敢、聰明的人會從失敗中吸取教訓，繼續努力。允許孩子失敗，也是對孩子能夠成功的一種信任。

培養孩子正確看待「成功」與「失敗」

◆ **敗不餒，勝不驕**：告訴孩子，失敗時，不要灰心喪氣，不要咒罵嫉恨，應該冷靜分析，汲取教訓，查找癥結，以利再戰。失敗並不可怕，可怕的是被失敗嚇倒，只要勇敢地面對失敗，相信「陽光總在風雨後」。

◆ **讓孩子看到自己的亮點**：透過各種活動鍛鍊孩子意志力，讓孩子發現自己的亮點，這樣，孩子就不會沉浸在失敗的情緒中，導致鬱鬱寡歡。因為，孩子明白，一次的失敗只是暫時的，自己依然很棒。

◆ **讓孩子換位思考，學會欣賞他人的成功**：失敗面前，孩子很容易對別人的成功產生嫉妒的心理，這樣反而不利於自己的進步，讓孩子明白，學會欣賞別人的成功，才能學習到他人的長處，學習到別人的經驗，這樣自己同樣會成功。

◆ **讓孩子吸取經驗**：失敗是教訓，也是經驗。失敗不等於就是輸。一件事失敗了，只是還沒成功而已，並不是輸了，只要有意志、才智和決心，加上恆心，毅力，一定能夠讓自己的學習更上一層樓！

父母不能說的

◆ 「笨蛋」、「蠢豬」、「傻瓜」等一類的話，這些話對那些考試失敗的孩子來說，無疑是雪上加霜，考試失敗正是他們最需要支援與撫慰的時候，父母這樣的打擊，會讓他感覺不到家庭的溫暖，導致孩子同樣惡言相對，親子關係惡化。

◆ 「你看看你，又考得這麼低，你看看某某，他每次都考得比你好。」這樣的話不是讓孩子準備妄自菲薄，就是讓孩子自尊受損。孩子以後總覺得自己被別人比下去，再也抬不起頭來了。做什麼事情自然就不會積極主動了。

◆ 「你能不能爭氣一點。」實際上，每一個孩子都想爭氣，都希望自己考得好一點，為什麼不幫孩子分析原因，而只是想到自己的虛榮心呢？

◆ 「你現在這麼差，以後怎那麼可能競爭得過別人呢？」現在社會是競爭社會，這話說得沒有錯，但是孩子這次考試沒有考好，不等於下一次就考不好呀！孩子這一件事情做不好，不等於其他方面也沒有強項呀！家長以成績論競爭力，只會讓孩子失去競爭力。

教子加油站：當孩子面對失敗時

1. 請站在孩子的立場上對待這次失敗，幫孩子分析失敗的原因。
2. 鼓勵孩子不要因為失敗喪失信心，失敗應該是一個新的起點。

3. 擁抱孩子，真誠地讚美孩子，讓孩子感受到親情的力量，重新拾起勇氣。

4. 給孩子獨立空間，讓孩子自己慢慢學會長大。

給家長的悄悄話

笨小孩不是天生的，只是大腦尚未開發：

專注力 × 實踐力 × 好奇心，用故事激發學習熱情，讓孩子離夢想更靠近

編　　著：呂定茹，薛梅城

發 行 人：黃振庭

出 版 者：崧燁文化事業有限公司

發 行 者：崧燁文化事業有限公司

E-mail：sonbookservice@gmail.com

粉 絲 頁：https://www.facebook.com/son-bookss/

網　　址：https://sonbook.net/

地　　址：台北市中正區重慶南路一段六十一號八樓 815 室

Rm. 815, 8F., No.61, Sec. 1, Chongqing S. Rd., Zhongzheng Dist., Taipei City 100, Taiwan

電　　話：(02)2370-3310

傳　　真：(02)2388-1990

印　　刷：京峯彩色印刷有限公司(京峰數位)

律師顧問：廣華律師事務所 張珮琦律師

定　　價：350 元

發行日期：2023 年 02 月第一版

◎本書以 POD 印製

國家圖書館出版品預行編目資料

笨小孩不是天生的，只是大腦尚未開發：專注力 × 實踐力 × 好奇心，用故事激發學習熱情，讓孩子離夢想更靠近 / 呂定茹，薛梅城編著 . -- 第一版 . -- 臺北市：崧燁文化事業有限公司 , 2023.02

面；　公分

POD 版

ISBN 978-626-357-029-0(平裝)

1.CST: 親職教育 2.CST: 子女教育 3.CST: 學習方法

528.2　　111020925

電子書購買

臉書